ちくま新書

日本の物流問題

——流通の危機と進化を読みとく

野口智雄
Noguchi Tomoo

1781

日本の物流問題

――流通の危機と進化を読みとく

【目次】

まえがき

世の中、矛盾に満ちているが、物流の世界も同様だ。

宅配便の取扱個数は2022年度に、ついに50億個の大台を超えた。アマゾンや楽天などのEC（Electronic Commerce：電子商取引）の成長が著しいからだ。2000年比で、95・4％もの増加をみている。それにもかかわらず、積載量に輸送距離をかけたトンキロベースでみた国内貨物の輸送量は増えるどころか、減少傾向にあるのだ。上記同様、00年比でみると、22年度にはなんと27・5％減となっている。

なぜ貨物の個数は増えているのに、輸送量は減るという矛盾的現象が起こるのだろうか。荷物の平均重量が軽量化したからだろうか。輸送距離が短縮化したからだろうか。それとも、日本の物流システムの経年劣化が起こっているからだろうか。

調べてみると、確かに多様な理由があることがわかる。本書で明らかにする通り、貨物の小口多頻度配送が要請されているにもかかわらず、ドライバーは不足し、高齢化は進み、事故率も増加している。また貨物の積載率の変化をみると、00年の43・7％から22年には

36・5%へと明らかに低下している。しばしば「6割がた空気を運んでいる」と揶揄されるゆえんの数字だが、効率面でも経年劣化が顕著になっているのである。

以前から物流革新や高度情報化などが、そして昨今では物流ＤＸ（Digital Transformation）が声高に叫ばれ、物流業界を挙げて効率化や合理化に取り組んできた結果がこれである。恐らく、日本の物流業界やそれを取り巻く環境には、上記の表層に現れた数字の奥底に、物流の近・現代化を阻害する真の災厄が潜んでいるようである。

本書は、日本の現代物流に内在する問題点を浮き彫りにし、それらの解決のための考え方や方策を明らかにしている。より具体的には、各章は、次のような問題提起とそれに対する解答という形で展開する。

序章では、一躍、日本の物流業界へ脚光を当て、画期となった「物流の２０２４年問題」について取り上げる。国は、働き方改革の一環として、ブラック職場の典型とされた物流事業をホワイト化するために、残業時間の上限規制を断行することにした。これにより、以前からドライバー不足に苦悩していた物流業界からいよいよドライバーの離職が相次ぎ、物流供給力の低下によって、荷物の遅配や配送料金の高騰などが起こると予測されている。これが、表層面に現れた「物流の2024年問題」である。しかし、真の問題は、ドライバー不足の原因がどこにあるのか、そもそもなぜ物流業界はブラックになってしまったのか、という点にある。また一般の関心は今後、荷物の到着はどれくらい遅れるのか、配送料金はどれくらい上昇するのか、といった点だろう。本書は、これらの問題に一定の解答を提示している。

第一章では、日本経済の発展の途上で、産業の高度化、市場の拡大、顧客の高質化などの環境変化の影響を受けて、物流はどのような問題に逢着し、それを解決するためにどのような革新がなされたのか、に関して解答する。とりわけ、高度な産業発展と顕著な物流進化がみられた高度経済成長期以後に焦点を絞り、それぞれの発展の間の相関関係について解明する。

第二章では、現代物流が主に最終消費者と対峙することによって、どのような課題に直面し、それに対してどのように対応してきたのかについて考察する。鋭くなった消費者に対応するために例えば、AI（Artificial Intelligence）は物流業界のどの分野にどれくらい浸透し、どのような効果を上げているのか。顧客体験価値の高まりとともに、購買プロセスにおける物流対応がどうあるべきかが問われているが、例えば、再配達や返品対応が顧客体験価値の水準にどのように関わっているのか。激化するラストワンマイル（最終配達地点）の配送の高速化のために、物流業界はどのような対応をとっているのか。ドローン配送は、そのための切り札として機能するのか。深刻化するドライバー不足問題の解決のために一過性の請負労働者であるギグワーカーはどれほど役立ったのか。本章では、物流が抱えるこれらの現代的課題に対して、解答を提示する。

第三章では、物流活動における、ロボットを活用した「自動化」の動向とこれによる省人化の可能性について明確にする。ロボット化は、ドライバー不足と高齢化が進行する物流業界において、肉体疲労やヒューマンエラーによる作業能率の低下や事故を回避するために、人間労働を可能な限り機械に代替していこうとする動向だ。物流施設内および配送における「自動化」への取り組みは、比較的長い歴史を有しているが、現在それがどこまで進展しているのか。より具体的には、物流センター内でのピッキングや荷物の積み込み・荷下ろし作業等にロボットがどれほど導入・活用されているのか。荷物配送面における自動運転は現在、どのレベルまで到達しているのか。完全無人運転は本当に可能なのか。そして最終的に、ロボット化は、「物流の2024年問題」をはじめとする、物流業界に突き付けられた難題を一掃する救世主となるのか。本章では、これらの諸点について解答を試みる。

第四章では、大震災、新型コロナ禍、戦争といった突発的な災厄が、物流にどのようなダメージを与え、それに対処するためにどのような改善がなされ、いかなる進化を遂げたのか、について明示する。全世界で起こるマグニチュード6以上の大地震の約2割を占める地震大国・日本では、それが起こる度に、道路や港湾などのインフラが破壊され、電気・水道・ガスなどのライフラインが切断された。無論、それらによって、物流も大きな影響を受け、物資供給が滞ることによって、人命にかかわる甚大な災厄を生み出してきた。このパートでは、主に阪神淡路大震災（1995年）と東日本大震災（2011年）を取り上げ、それらが、日本の物流にどのような悪影響を及ぼし、その改善のためにどのような取り組みがなされたのかを明確にする。

また、全世界レベルでの新型コロナのパンデミックは、物流の需給バランスを崩すことによって、輸送量や運賃に大きな影響を及ぼした。消費に関しては、分野によってロックダウンによる大幅減退もあったが、「巣ごもり消費」という新たな購買パターンも生まれ、「まだら模様」を呈した。このような状況下で、物流業界でも「まだら模様」がみられ、伸長する事業や今後永続化すると思われる画期的対応が誕生している。それらは一体どのようなものなのか、本章で明らかにする。

さらに、災厄の極致といえるのが、戦争である。2022年2月24日に大エネルギー供給国ロシアと大穀物輸出国ウクライナが直接戦火を交えることにより、グローバル・サプライチェーンは大いに乱れ、かつ日米をはじめとする主要先進国が一斉にロシア制裁を発動したことで、世界の物流ネットワークに再編を迫るほどの大ダメージを与えた。本章では、最終的に荷物の手渡しが必要な「エッセンシャルワーカー」である物流業者が、戦争による生命や物流手段損傷の危機に直面して、どのような対応をとったのか、そして今後どのような発想の転換が必要なのか、について明示する。

終章では、国連で採択されているSDGs（Sustainable Development Goals：持続可能な開発目標）の達成のために、新時代の物流の在り方はどうあるべきなのか、について考察する。異常気象や地球温暖化をもたらす要因の一つに、CO_2の排出があるが、物流業界では電気自動車（EV）、カーボンリサイクル、モーダルシフト、ユニットロードシステム、協業化など、その排出削減に向けた多様な取り組みがなされている。

また、国際的にみて、ジェンダー格差が最悪レベルにあるわが国において、とりわけ3《さん》K《ケー》（きつい、汚い、危険）職種といわれる物流業界においては、圧倒的な男性偏重社会が形成されてきた。しかし、企業内における女性就業割合の上昇は、企業業績の向上に直結するという結果も公表されており、物流企業において、女性を採用することのメリットは多くある。本章では、このメリットにはどのようなものがあるのかを明らかにし、現状の物流業界をどのようにホワイト化すれば、女性就業者が増えるのかに関して具体的な提案を行っている。

最後に本書の締めくくりとして、今後のわが国の物流業界の進むべき方向性について明確にする。物流業界の舵取りの指針には、「総合物流施策大綱」(国土交通省)があり、「簡素で滑らかな物流」を実現するために、物流DXへの取り組みが不可欠とされる。これには、ロボットのようなハード面と、プラットフォームのようなソフト面があるが、ここでは主に後者の輸送業務支援、可視化(見える化)、データの共有化などをどのように実行すればよいのかについて明らかにする。

以上、本書ではまず、日本の物流の過去、現在に発生した問題に焦点を当て、代表となるケースやベストプラクティスを検討することで、物流に対する認識と理解を深めてもらうことを目的としている。また、未来を見据え、今後の不確実かつ複雑な状況に物流はどのように対処すべきかに関しても、その戦略的含意の提示を企図している。それは従来、単純な物品の配送活動と捉えられてきた物流業務が、意外なほど複雑で、矛盾を孕み、謎の多い分野だからである。

ただ本書の内容は、物流の基本原則から最新のテクノロジーまで、網羅的かつ平易に解説しているので、初学者から物流実務家まで幅広い読者層に、価値ある専門知識の提供ができるものと自負している。

本書が、物流の本質への理解を深め、未来への羅針盤となって今後の難題に応えるための一助となることを心より念願している。

２０２３年10月

野口智雄

序章　2024年問題とは何か——ドライバー不足と働き方改革

1　ことの発端——働き方改革関連法案

世をあげての「働き方改革」の動きは衰えることなく活発である。国は、労働者を守ることを目的として、健全な職場環境の整備を目指している。そのため2020年4月1日（大企業は前年同月同日）から働き方改革関連法の施行がなされたが、運送業、建設業、医師、砂糖製造業（鹿児島、沖縄県）はその適用を4年間猶予されていた。

なぜこれらの業界が法の適用を猶予されていたかというと、法規制と実態とがあまりにも大きく乖離していたからだ。迅速な規制はショックが大きすぎて、対応できない多くの事業者が突然死し、消費者が混乱すると考えたからである。

「物流の2024年問題」としてメディアでクローズアップされ、その問題性が声高に指摘されるようになったのが22年後半あたりからである。それはスピード時代である昨今にしては、4年間という比較的長い猶予期間があったにもかかわらず、ごく一部の大手を除いてほとんど対策がなされず、目立った改善がみられなかったからだ。

しかしその猶予期間も24年3月31日をもって終了する。4月1日からは、自動車運転業務の年間時間外労働時間の上限が960時間に制限される。従来、労使間の協定で合意さえ取れれば、実質無制限にできた時間外労働が制約を受けることになってしまった。つまり、この上限規制により、長距離トラックドライバーは残業がしにくくなり、結果として稼げなくなってしまうのである。NX総合研究所は、それによってトラックの輸送能力が24年には14・2%、さらに30年には34・1%不足する可能性があると試算している(https://www.meti.go.jp/shingikai/mono_info_service/sustainable_logistics/pdf/003_01_00.Pdf)。

問題の原点の一つは、残業時間の上限を含めた「総労働時間規制」にある。働き方改革関連法は、あらゆる企業、あらゆるトラックドライバーを対象にした規制である。だが上記の通り、これはとりわけ長距離ドライバーにとって問題が深刻だ。主に時間外労働に従事するのは彼らだからだ。南北に細長い日本列島において荷物をハブからハブへ大量に移動させるには長い時間がかかる。1日800キロ、泊りがけで1週間帰宅できないドライバーも珍しくない。彼らは長時間の時間外労働をこなして収入を安定させ、ユーザーに対してはスピーディーな配達を実現している。

ところが、時間外労働が制限されてしまうと、①残業に頼っていた大部分の長距離ドライバーの報酬が減少する、②報酬減によりただでさえ人手不足の物流業界から離職者が増加する、③離職者の増加により、運送会社は減車せざるをえなくなる、④運送会社の業績は悪化し、倒産の波が訪れる、⑤この結果、日本の荷物配送は滞り、消費者はこれまでのような迅速な荷物の到着を望めなくなり、料金も高くなることになる。

「物流末法思想」ともいえるこんなダークなシナリオを描くこともできるが、これがわれわれ日本人に突き付けられた「物流の2024年問題」という厄介事である。

†国が目指しているものと実態の乖離

「物流の2024年問題」は、消費者から提起されたものではない。この「改善」に起因する配送時間の遅延や料金高騰はデメリットでしかないからだ。無論、運送事業者から積極的に提起されたものでもない。長い拘束時間や過労、事故の問題は以前からくすぶっていたものの、収入の多くを残業で稼いでいた運送業者があえてそれを減らし、自分の首を絞める必要はないからだ。この問題提起と改善のウェーブは、「働き方改革」を旗印に運送事業者のブラックな労働環境をホワイトにするために、厚生労働省をはじめとする国が主導して起こしたものだ。

22年12月に改正された「自動車運転者の労働時間等の改善のための基準」（改善基準告示）により、24年4月からトラックドライバーの年間拘束時間の上限が、3300時間以内となった。この拘束時間というのは、トラックの運転時間や荷待ち時間だけではなく、休憩や仮眠の時間も含むもので、会社に拘束されているすべての時間を意味する。

この拘束時間の実態をみると、年間3300時間以上のドライバーの数は全体の21・7％を占めている。とりわけ、注目すべきは長距離トラックドライバーで、3300時間以上運行しているドライバーは3割を超えていた（厚生労働省「トラック運転者の労働時間等に係る実態調査事業」22年1月）。ただし、これは国のアンケート調査への回答なので、実態はもっと多いともいわれている。

月単位の拘束時間については、２８４時間が原則としての上限になる。データの都合上、24年3月末までの上限の２９３時間を基準にみてみると、実態は、通常期こそ6・1％であるものの、繁忙期ではこれの約倍となる11・8％のドライバーが２９３時間を超えている。月80時間の残業を行った際の基準とされた２７４時間でみると、通常期で22・9％、繁忙期では33・7％がこの基準を上回っているのだ。

長距離トラックドライバーに焦点を当てると、改善基準告示と実態の乖離が顕著である。繁忙期に長距離運行に携わるドライバーは、２９３時間超拘束が21％もおり、２７５時間以上に至っては実に52・7％と過半数を占めている。

改善基準告示の改正によって荷物の輸送力にどのような影響があるのか、試算した結果がある。これによると、1年間の拘束時間の上限を３３００時間と設定すると、輸送の能力で12・7％の減少が起こり、輸送トン数では3・2億トンの「不足」が発生するという（大島弘明「「物流の２０２４年問題」の影響について」22年10月6日）。

さらに厳しい未来が予想される。労働基準法による法定労働時間は1日8時間、週40時間となっている。だがこれまで３６協定《さぶろくきょうてい》という労働基準法第36条に基づく労使の間で残業や休日労働に関する協定が締結されてさえいれば、法定労働時間を超えて働くことが可能だった。つまり労使が納得して36協定さえ結んでいれば、残業時間に制限はなかったのである。しかし、働き方改革の流れにのり、19年4月から無制限の残業時間にも原則として月45時間、年間360時間の上限が設定された（ただし、繁忙期のような臨時の特別な事情がある場合は別）。

そして、24年4月1日から施行の残業の上限規制であるが、当面は36協定を結ぶことで最大960時間まで許容されることになっている。だが、これを超えてしまうと、6か月以下の懲役又は30万円以下の罰金が科されることになるし、そもそもこの上限時間が長きにわたって続くわけがないというのが業界の常識だ。いずれは一般企業と同様の720時間まで減らされることになるのだ。

また、23年4月の法施行により時間外労働の割増賃金が改定された。これは、中小企業で月60時間超の時間外労働が発生した場合、時間外賃金の割増率を25％から50％に引き上げねばならないとするものだ（大企業では以前より実施）。ところが、この方針に対して業界の動きは鈍く、直前まで準備不足の状態だった。上記の全日本トラック協会の調査によれば、この件に関して「対策を検討」と「まだ対策等の準備は行っていない」の合計が2021年10月時点では72・2％もあった（第5回「働き方改革モニタリング調査について」）。

その後はやや改善されたものの、2022年同月時点でも、70・8%が割増賃金率の適用には至っていない。

割増賃金率が25%から50%へ引き上げられれば、当然、会社側の人件費負担は増加することになる。全日本トラック協会の試算では、該当ドライバーが10人いると年間100万円のコスト増になるという。中小企業が、このコストアップを吸収して利益を出すためには、残業を増やすか、他のコストを削減するか、運賃の値上げしかない。しかし、残業を増やすことは働き方改革関連法改正の趣旨からほぼ不可能である。そうなるとコスト削減の方策を考えるか、運賃を引き上げるか、しかないということになるのだが、運賃に関しては従来、荷主から仕事をいただいていて、弱い立場にある運送業者が容易に切り出すことはできない。運送会社は、極めて厳しい苦境に立たされることになった。

†問題の根源、物流企業の激増と荷主優位の時代

実態とは大きく乖離した残業時間の上限規制を含む総労働時間規制の結果、稼げない物流業界から離職者が相次ぎ、この業界はいよいよ人手不足になる。そして、運送会社の経営は悪化し、減量経営（人員整理、減車）を余儀なくされ、最終的に倒産へと結びついて

いく。無論この結果、ドライバーが減り、荷物の遅配や配送料金の高騰などが起こることになる。

このような看過しえないバッド・スパイラルが起こる予測が立つにもかかわらず、国はなぜこのような鋭い痛みを伴う改革をあえて断行しようとするのだろうか。

その答えは「過去の清算」にある。「物流の2024問題」勃発の根源は過去の規制緩和にあったからだ。

運送業は以前、道路運送法による免許制で規制されており、新規事業者の参入が容易ではなかった。免許を受けていた運送会社は既得権者として、市場競争の危機に晒されることなく安心して仕事をできたのだ。まさに運送会社優位の時代だった。

ところが、人口増、バブル経済および無店舗小売業の隆盛による異常なほどの小口荷物の配送ニーズの高まり等に応えるため、国は運送業に関わる規制を緩和することにした。それが1990年12月施行の物流二法である。これは、貨物自動車運送事業法と貨物運送取扱事業法という二つの法律から構成されている。これら新法により、運送事業は免許制から許可制に変わり、運賃は認可制から事前届け出制へと変更された。

これにより物流業者は増加し、さらに2003年の法改正によって営業区域の規制や運賃の事前届け出制すら撤廃されるに及び、物流業界は新規参入者のラッシュ状態となった。貨物運送事業者数の時系列的推移をみると、１９７5年時点では3万１１4６社だったものが、90年には4万社の大台を超え、２００4年には6万１０4１社へと大幅に増加している（国土交通省「貨物自動車運送事業者数の推移」）。

この結果、事業者間の競争が激化し、ダンピングといわれる低価格競争や課金のない荷役サービスのような非価格競争を生み出し、そのためのコストカットのしわ寄せがトラックドライバーの低賃金や過大な時間外労働（残業）をもたらしてしまったのだ。

国が進める働き方改革関連法は、自らが生み出したこのようなトラックドライバーを取り巻くブラックな労働環境を是正し、職場をホワイト化するための施策である。主導しているのは厚生労働省である。同省は、物流業界のブラックな体質を浄化し、健全な業界に生まれ変わらせることを目的としている。そのためには規制を強化して、ブラック企業や競争力の低い企業の自然淘汰を促し、なおかつ最終消費者の負担や利便性を阻害してでも物流の健全化、近代化を成し遂げようとしているのである。

次では是正されるべき物流業界のブラックな体質について明らかにしてみよう。

2　過酷なブラック環境

「ブラック業界」という言葉が、物流業界の体質を端的に示している。同業界は、基本給が低く、残業で儲けを取るのが当たり前の不健全な職場である。ドライバーたちは稼ぐために必然的に長時間労働になり、過労で倒れたり、事故を起こして亡くなったりする。ここでは、主にトラックドライバーたちがどれだけブラックな環境に置かれているのか、を明らかにしたい。

†長時間労働、働きすぎの労働現場

トラックドライバーの年間労働時間は、中小型トラックで２４８４時間、大型トラックでは２５４４時間にも及び、全産業平均の２１１２時間と比較すると、あまりにも長いことがわかる。月ベースでみると、それぞれ32時間、36時間も長く、長時間労働が当たり前の業界であることが如実に理解できる（厚生労働省「賃金構造基本統計調査」）。

建前上、運送会社はトラックドライバーを一日13時間までしか拘束できず、最大でも16時間が上限である。ただし前記の通り、これまで３６協定さえ結んでいれば、残業時間に

制限はなかった。この慣行が賃金の問題と絡んでドライバーに長時間労働を強いるのが当たり前という風土を形成した。もともと本給が低く設定されたトラックドライバーたちは、この残業で主たる生活の資を得ていたのである。

例えば、長距離トラックのドライバーの中には1年のうち3分の1は車中泊になり、1週間、あるいは1か月も家に帰れない者もいるという。海外航路船ほどではないものの、幼児が親の顔を忘れてよそよそしくなる笑えない事態も起こるという。

このような長時間労働の結果として、物流業界の労働災害事故件数は非常に多い。2022年時点で、陸上貨物運送事業の死傷者数（休業日を4日以上取らねばならなかった者）は1万6580人にものぼり、前年比で1・4％、12年比で19・8％も増えている。これらの数値は建設業と比較すると、その違いは一目瞭然で、同業界は死傷者数1万4536人、前年比2・6％減、2012年比14・8％減となっている。

ガテン系職場の典型ともいえる建設業ですら労災事故が近年に至って着実に減少しているのに対し、物流業界では労災件数が近年増加する正に好対照の実態を示しているのだ（厚生労働省労働基準局安全衛生部安全課「令和4年における労働災害発生状況について」令和5年5月23日）。このような深刻な事態は、確実にドライバーの労働負担増に起因するものである。

†エクストラ業務の荷役

杓子定規に言えば本来、ドライバーは運転が仕事で、それ以外の業務はしなくてよいはずである。ところが実態は、荷主から荷物の上げ下ろしのような付帯業務を要求されることが少なくない。この種の荷役作業は、事前に条件の中に組み込まれているのなら問題はないが、そうでない場合には当然騒動の火種になる。実際問題、トラックドライバーは、荷主企業からしばしば依頼にない付帯業務を強いられることがあるのだ。

要求される荷役には、荷物の昇降、倉庫棚への配置、さらにはラップ巻きまである。国土交通省が公表している資料「トラック運送業の取引の適正化」では、手荷役として10トントラックに1箱7－10キロのレタスを1200個も、手積み・手降ろしする事例が出てくる。荷役作業には通常、パレットとチャブリがある。パレットとは、フォークリフトで荷物の昇降を行うもので人間の作業負担はほとんどない。これに対して、チャブリは荷物の手積み・手降ろしのことで、一つずつ荷物を、人手を使って持ち上げ運ばねばならず重量負担と時間がかかるのでドライバーからは嫌われる。

トラックドライバーはこのような依頼にない、それゆえ当然課金もされない不合理な付帯業務を要求されることがあるのだ。無論、荷主からのこの種の要求が出た場合、法令違反になることは明白だ。国土交通省は「貨物自動車運送事業法改正法附則第1条の2」に基づいて、この種の違反行為を荷主が要求していると疑われる場合に「働きかけ」を行い、違反行為を疑う相当な理由がある場合に「要請」を行い、「要請」をしてもなお改善がなされないと判断した場合には「勧告・公表」を発している。2023年2月28日現在、「要請」を受けた荷主は3社、「働きかけ」を受けた荷主は76社ある（国土交通省提出資料「荷主対策の深度化」）。

荷主に起因する法令違反行為は様々あるが、この依頼にない付帯業務は、「長時間の荷待ち行為」に次いで多かった。

なぜトラックドライバーは荷主からこのような理不尽な要求がなされるのだろうか？

そして、なぜ撥ねつけないのだろうか？

それは1970年代以降、経済発展や規制緩和で運送業者が急増し、相対的に荷主優位の買い手市場が形成されたからである。ドライバーによる荷役は、荷主に比べて相対的に絶対数の多い（供給過多の）運送会社が、ライバルを凌いで競争に勝ち残るため始まったサービスである。仕事を取るためどこの運送会社もこの種の無料サービスを手掛けることで、いつの間にかやるのが当然の必要条件のようになってしまったのである。

料金以外にも、ただでさえ労働負担の大きいトラックドライバーがこの種の付帯業務を強いられることで、別の問題も発生する。

残業による長時間の運転業務に加え、上記のような無償の労働負担が過労による労働災害を引き起こしているのだ。事実、陸上貨物運送事業の死傷事故のうち、4分の1以上が「墜落・転落」(25・9%)が原因であり、「動作の反動・無理な動作」(17・7%)がこれに続いている(厚生労働省「令和4年労働災害発生状況の分析等」)。上記の国土交通省の資料に盛り込まれていた手荷役(1箱7‐10kgのレタスを1200個、手積み・手降ろし)は、高齢ドライバーやトラガール(女性トラックドライバー)にはまず無理だし、人数としては多い40歳代、50歳代の中年ドライバーにとっても過労による事故を誘発する可能性が高い。ちなみにこれらの中年層で、全死傷災害発生者の約58%(22年)を占めている。

荷役は本来、発荷主、着荷主である倉庫側、現場側が責任を持って処理するものである。荷役業務が条件として予め入っていれば別だが、そうでなければきちんとオプション価格を設定してサービスの有償化を行う必要がある。無論、ドライバーが荷役作業を行ったならば、運送会社側も相応の荷役報酬を支払う義務があるのは言うまでもない。

†時間厳守、遅延は許されない

時間厳守は、日本のビジネス社会では言わずもがなのルールである。不可抗力もなしに年中遅刻する構成員がいる会社は、いい加減なところとして信用を失墜し、早晩倒産の憂き目にあう。とはいえ、この時間厳守がさまざまなトラブルを生むことがあるのも事実だ。2005年4月に起きたJR福知山線の脱線事故では、107名が死亡し、562名が重軽傷を負う大惨事になった。この原因はさまざま挙げられるが、その一つとして伊丹駅の出発が1分20秒遅れていたため、これを取り戻すために本来時速70キロ制限のカーブを116キロで突入したことにある。JRは阪急電鉄への対抗上、なんと秒単位での定刻運行を目標にしていた。客員研究員としてスタンフォード大学で2年間過ごした筆者の経験からすると、このレベルで遅刻が容認されないのはまさにクレージーである。カリフォルニアの通勤列車カルトレイン（Caltrain）は、定刻より30分、40分遅れて来るのはざらだった。

物流業界でも「荷物到着の時間厳守のルール」は、相当厳しいものがある。荷主にもよるが、わずか1分の遅れも許さないところもあると聞く。厳しいのは、この遅延にペナルティが課される場合があることだ。「クルマだと時間が読めない」とは一般ドライバーがよく使う言葉だが、プロのドライバーでも交通渋滞や天候不順などの不可抗力で、決められた時刻より遅れることはしばしば起こりうる。しかし荷主の中には、「そんなことが起こることは誰でも知っている。プロなら絶対に遅れないような時刻に早く出てくればいいのだ」と怒鳴り、理由のいかんを問わず「遅延した」という一点のみで運賃の減額を要求するケースもあるという（国土交通省資料「トラックドライバーの労働時間のルールを」）。

また、酷いのは「非合理な到着時刻の設定」で、発荷主の荷物の準備ができておらず、2時間も出発が遅れるのに、着荷主への到着はもともと決められていた定刻を厳守するよう要請されるケースだ。ドライバーは休憩なしで運行しても間に合うかどうかわからないことがあるそうだ。このようなケースでドライバーは、勢い必死にスピードを上げざるをえなかったり、慣れない裏道を通ったりすることになる。相手が、延着ペナルティを課す着荷主の場合はなおさらである。この結果、事故やトラブルが発生する確率が高くなるのである。

†長い荷待ち時間

国土交通省が、貨物自動車運送事業法改正法附則第1条の2に基づいて、違反の疑いがある荷主に対して改善の「要請」や「働きかけ」を行った事案として最も多かったのが、「長時間の荷待ち」であった。本件の割合は全体の43・1%を占めており、トラックドライバーを悩ます大問題といえる（https://www.mlit.go.jp/jidosha/content/001593839.Pdf）。

実際、どれくらいの待ち時間があるかというと、「トラック輸送状況の実態調査」（国土交通省、21年）によれば、1時間から2時間待ちが32・4%を占めて最も多く、それに30分から1時間が29・5%で続いている。しかし、3時間以上も10%近くあり、平均の荷待ち時間は1時間34分に及ぶ。

トラックドライバーの肉声では、1時間や2時間の荷待ち時間は当たり前で、長いと7時間、10時間という異常なものまであるという。このような長時間の待ち時間が発生する理由は、先着のトラックの荷下ろしを待たねばならないからだ。それは、指示通りきちんと設定時間に着荷主のところに着いたとしても起こることである。

とりわけ、スーパーで特売が行われる際には緊急の配送が必要な場合もあり、荷待ち時間は往々にして長くなる傾向にあるという。現在では、予約制を敷いているところもあって、荷待ち時間の緩和も徐々に進みつつある。だが、道路を走っている以上、不確定要素も少なからず影響し、すべてが順調に時間通りに進行するとは限らない。荷待ち時間という頭痛の種は、今後ともトラックドライバーに付きまとうだろう。

†ダンピング体質と低賃金

物流業界でダンピング合戦が起った根本理由は、前掲の通り、1990年12月の物流二法による規制緩和である。将来、貨物量はまだまだ増加するので、運送事業者を増やした方がよいという国の近視眼的・楽観的な判断からこの施策は生まれた。ところがこの結果、届け出さえ出せば、ほぼ誰でも運送業ができる状態になり、業者の乱立によってダンピング合戦が起こったのだ。

ところで、トラックには、白ナンバー車と緑ナンバー車がある。白ナンバー車は自家用で、自社の荷物のみを輸送し、外注を受けて他社の荷物を運ぶことはできない。つまり、運賃を得るような営業行為は不可であり、これに違反した場合、貨物自動車運送事業法第70条1項により1年から3年以下の懲役もしくは300万円以下の罰金が課せられることになる。これに対して、緑ナンバー車は、貨物自動車運送事業の許可を得ており、他社から運賃の支払いを得て、貨物輸送を請け負うことのできる事業車両で、まさに物流業者のトラックを意味する。

このことから緑ナンバーが日本の物流の大部分を占めているように思う方がいるかもしれない。だが、実情は車両数で見ると、白ナンバーのトラックの方が圧倒的に多い。現在、日本のトラック車両台数はおよそ773万両。このうちトレーラーを含めた緑ナンバーの営業用トラックはおよそ149万両でしかなく、全体に占める割合は19・3％に止まっている（自動車検査登録情報協会『形状別自動車保有車両数』）。つまり、8割以上が白ナンバーのトラックなのだ。

白ナンバー車が多い理由は、メーカーや農業者の自家用トラックが多いほか、日本では卸売流通が非常に発達しているからだ。上記の通り、白ナンバーでは物流の営業行為を行うことはできない。だが、他社の荷物を購入して、それを自社のトラックを使って川下の顧客に向けて輸送することは可能である。なぜなら、卸売業者は川上の事業者から商品を仕入れ、一旦それを自分の所有物にして（商品所有権を取得して）から別の事業者に転売するので、モノの移転に関わる報酬（運賃）を得ていないからだ。卸売業者の業務として、物流活動は大きなウェイトを占めるものの、物流に関わる直接的な営利活動を行っていないので、白ナンバーでの輸送が可能なのである。

その他、白ナンバー車が多い理由として、緑ナンバーを取得するハードルが高いことが挙げられる。これを取るにはトラック5台以上を保有し、適切な立地、潤沢な資金、そして資格証を有した運行管理者が必須になる。また点検整備費もばかにならない。車両重量8トン以下で、白ナンバーでは6か月に一度で済むものが、緑ナンバーでは3か月に一度点検整備を受けねばならない。

規制緩和の追い風を受けた日本の物流業界は、事業者数が激増し、ダンピング体質、無料サービス体質が蔓延した。ダンピングの結果は、利潤や賃金に跳ね返る。トラックドライバーの賃金は全産業と比較して明らかに低い水準にある。2021年の年収の全産業の平均は、489万円であったのに対し、トラックドライバーのそれは大型トラックで463万円、中・小型トラックでは431万円でしかなかった（厚生労働省「賃金構造基本統計調査」から国土交通省物流・自動車局作成）。

年間400万円以上もらっていて、大差ないじゃないかと思うかもしれないが、この業界の奇異な点は、最低保証される基本給が異常に低い点にある。例えば、基本給8万円、総支給額35万円なんてこともあるのだ。会社によって異なるが、総支給額から基本給を引いた27万円の内訳は、住宅手当、家族手当、通勤手当等がおおよそ8万円とすると、残りの19万円が歩合給である。つまり、賃金の半分程度が残業でもらう歩合給なのだ。それゆえ、トラックドライバーは必然的に残業に邁進することになる。逆にいえば、毎月50時間ほどの残業をこなして初めて人並みの給料になるのだ。加えて、悲惨なことに、運送業界ではボーナスを出す会社が少ないという現実がある。

3　ECの急成長とトラック輸送

†40年弱で10倍超

宅配便が、われわれの消費生活の一部として不可欠の存在になって久しいが、1985年時点での取扱い数はわずか4億9300万個だった。それが、2022年には50億6000万個まで増加している。この間で、なんと10倍以上に膨れ上がっているのだ（国土交通省「令和4年度宅配便等取扱個数の調査及び集計方法」）。

この宅配便の個数の激増は、主にアマゾン、楽天などによるEC市場の急成長によるものである。物流に関わる物販系分野のECの市場規模は、22年に13兆9997億円となり、前年比5・37％の増加をみている。なお同分野のEC化率も19年6・78％、20年8・08％、21年8・78％、22年9・13％と、着実に成長を遂げており、ECでの取引が普及してきていることがわかる（経済産業省「令和4年度デジタル取引環境整備事業（電子商取引に関する市場調査）」）。

ECは、わざわざ出向く手間や営業時間を考えねばならない実店舗とは異なり、いつでもどこからでも多様な品揃えの中から希望の商品を簡便に入手できるため、高齢化や女性の社会進出が進展する日本でも好評を博している。

ECで購入した商品を個人宅に配送するのが宅配便業者である。有名どころとしては、宅急便（ヤマト運輸：シェア47・5％）、飛脚宅配便（佐川急便：同27・6％）、ゆうパック（日本郵便：同19・9％）がある。これら3社で95・0％のシェアを占有している（国土交通省「令和4年度宅配便等取扱個数の調査及び集計方法」）。そして、輸送を担う物流手段の98・3％に当たる49億2500万個がトラック輸送である（その他、航空機等の利用はわずか8100万個）。

このような宅配便個数の推移に対して、国内貨物輸送量がどれくらいの水準にあるのかというと、トン数ベースで年間約38億2600万トン（22年度）であり、積載量に輸送距離をかけたトンキロベースでは、約2268億8554万トンにのぼる（国土交通省「自動車輸送統計調査（令和4年）」）。

これらの数値は巨大にみえるが、時系列的にたどると意外な結果となっている。トン数ベースでみると、2000年には約57億7362万トンであり、トンキロベースでみると、3131億1824万トンもあった。つまり、ここ20年余りでそれぞれ33・7％、27・5％もの「減少」をみているのである。

貨物1件当たりの積載度合いを表す積載率をみると、ことの深刻さが如実に理解できる。輸送トンキロ数を「能力トンキロ数」という潜在積載容量で割ると、輸送機器の効率性がわかる。荷物がトラックに満載状態なら、この数値は100％になる。だが実態は、2000年に43・7％であったのが、22年度には36・5％に減少している。つまり、輸送効率は明らかに低下しているのであり、日本中を走るトラックは、約60％「空気」を運搬しているのである。

†非効率な再配達

輸送効率を阻害する重大な要因として「再配達」がある。女性の社会進出による兼業主婦の増加によって昼間の留守宅が増え、加えて昨今では高層のタワーマンションの林立によって、再配達の手間の問題がクローズアップされるようになってきた。

日本の物流業界の再配達率は2023年4月時点で、11・4％である（国土交通省「令和5年4月の宅配便の再配達率が約11・4％に減少」23年6月23日）。この数字は18年4月の15・0％、19年4月の16・0％と比較すれば、明らかに低下しており、配達員の過重負担の問題は解消されつつあるようにみえる。だが、20年4月の8・5％、21年4月の11・2％と比べると決して低い水準とはいえない。というより、この時期は、新型コロナの感染拡大の影響で在宅率が高かったが故にこのような低い数字になっただけで、徐々に元に戻りつつあるともいえる。いずれにせよ、いまだ再配達が一定程度実施されていることは間違いない。

再配達は、運送会社にとって無料の物流サービスであり、配達員にとっても二度手間なだけでなく、不在票の発行などの時間や手間のかかる作業だ。

政府は23年4月を再配達削減PR月間として、時間帯指定、置き配などへの協力を要請し、同年6月に我が国の物流の革新に関する関係閣僚会議でまとめた「物流革新に向けた政策パッケージ」で、再配達の撃退目標（約12％から6％へ、コンビニ・ガソリンスタンドでの受け取り、宅配ボックスの設置、行動変容を促すインセンティブの付与等）を打ち出している。

素晴らしい取り組みである。事実、アマゾンは約75％（22年12月時点）の荷物を置き配にして低コスト化の成果を上げているし、巷間、宅配ボックスの利用も増えてきた。とはいえ、置き配には盗難の危険性があるし、しばしば切り札的施策として指摘される宅配ボックスも、容量が満杯になれば、再配達に回ってしまう。どんな施策にも一長一短があるのである。

以上の現実を要約すれば、ECの普及に伴い日本の小口荷物の個数は増加の一途をたどっているのに対し、トラックの輸送量は増えるどころか、減少傾向にある。そして、小口多頻度の配送や再配達の結果、輸送効率は低下している。

24年4月の働き方改革関連法による残業規制の強化で、トラックドライバーの労働時間が制限されると、物流サービスの需給ギャップはいよいよ拡大することになる。もちろんその結果として、物流サービスのユーザーはこれまでのような利便性を享受できなくなるのである。

4 表面化している諸問題、今後の影響

国は、24年4月を境に物流業界のブラックな体質や環境をホワイトに変える「改善」に取り組んでいる。それにもかかわらず巷では、「物流業界の2024年問題」と表現するのはなぜだろうか。

恐らくそれは、ステークホルダーにポジティブを凌駕するネガティブな影響を及ぼす可能性があるからだろう。「物流の2024年問題」は、一体誰にどのようなネガティブな影響を及ぼすのかを明らかにしてみたい。

†逃避するドライバー、若者の減少

厚生労働省が公表する「令和3年雇用動向調査結果の概況」に基づいて産業別に入職者の動向をみると、物流業界がいかに不人気であるかがわかる。物流業界を意味する「運輸

業、郵便業」の入職者は21年に、約36万1000人だったが、前年の入職者数に比べると、約9万7800人もの減少をみている。これは、製造業、建設業、情報通信業といった16ある産業区分のうちで最も高い減少幅だった。

24年4月スタートの働き方改革関連法によって「カラダに優しく、安全、安心な職場作り」がなされ、残業ができにくくなることで、ただでさえ低賃金の当業界がより稼げなくなるという危惧から入職者が減少していると思われる。上記の通り、長距離トラックドライバーの基本給は異常に低く、総収入の半分近くが残業によって得られているからだ。

もっと根源にさかのぼれば、「運転」を仕事にしようという若者は構造的に増えないことが予想できる。無論、少子高齢化の流れによって、若者自体が減っているということもあるが、昨今、運転免許保有者数は漸減状態にある。警察庁の「令和4年版運転免許統計」によると22年の運転免許保有者数は8184万人で、18年比で約47万4000人も減少している。年齢を29歳以下の若者に絞ると、免許保有者数は22年末時点で前年同時期と比べ、実数で7万9133人も減っている。これが、わずか1年での変化だ。車を運転したいと思う若者自体が減っているのだ。「運転」で生活の資をえようとする若者が少なくなるのは極めて自然なことといえる。

†高齢化の進行

若者のドライバー離れと表裏一体の関係にあるのが高齢化だ。道路貨物運送業に従事する人の年齢構成をみると、60歳以上が19％を占め、65歳以上の高齢者でも約1割を占めている。29歳以下の若年層も約10％なので、高齢ドライバーとほぼ同数だ（総務省「労働力調査」）。平均年齢をみると、47歳となっており、これは全産業平均より4歳も高い数字である。10歳刻みで構成比をみると、50歳代が最も多く（29・8％）、明らかに中高年職場といえる。トラックドライバーは、若者にとって魅力的な職種とはいえないため、高齢者の堆積によって自然と職場が高齢化しているといえる。

この雇用者の高齢化問題に対峙し、独立行政法人の高齢・障害・求職者雇用支援機構は「65歳超雇用推進助成金　高年齢者無期雇用転換コース」という助成制度を提供している。趣旨はもちろん、高齢者の雇用を増やすことにある。この制度では、50歳以上かつ定年未満のドライバーを雇用すると、運送会社は1人当たり48万円を支給され、事業主は最大10人まで助成対象者を雇うことができる。この施策は無論、悪いものではないが、高齢化はヒューマンエラーや事故の確率が高まるのと、ドライバーの場合、事故を起こした際のダメージが半端ではないので慎重な取り扱いが求められよう。

近年の死傷災害の推移を年齢別に比較してみると、2021年から22年にかけて20歳代4・6%減、30歳代1・5%増、40歳代2・7%減、50歳代3・6%増に対し、60歳代5・9%増、70歳代以上18・4%増となっており、ドライバーが高齢化するほど、死傷災害の上昇率アップがみてとれる。詳細にみると、75歳以上の上昇が著しく、2021年の60件から22年には実に97件へと61・7%もの増加がみられる。これは、20歳から24歳までの若者の11・1%減とはあまりにも対照的な数字である（厚生労働省「令和4年労働災害発生状況の分析等」）。

ドライバーは「走る凶器」を操作しているので、加齢とともに進行する認知機能や運動機能の低下を十分考慮しなければならない。

今後の高齢化の進行、および高齢ドライバーのさらなる増加により、物流業界が危険なところという印象が深まる可能性がある。その結果、離職者がさらに増え、人手不足に拍車がかかる可能性もあるのだ。

5　経営逼迫化する物流関連企業

†ドライバー不足の悪化

物流という仕事は、上記の通り全産業中で最も入職者の少ない職種である。当然、離職者も増えているので、相乗的にドライバー不足が発生している。2023年1－3月期時点で、ドライバー不足を意識している事業者は、65・4％にも及んでいる。これは前回比（2022年10－12月期）で、4・4ポイントの悪化となっている（全日本トラック協会「第121回トラック運送業界の景況感」）。そして、今後の見通しについては、暗澹たるものがある。ドライバー不足を予測する事業者が、72・7％も占めているのだ。

以上の結果はあくまで意識レベルだが、ドライバー不足が具体的に人数面でどれくらい出るのかをシミュレーション分析した研究もある。公益社団法人鉄道貨物協会が2023年5月に公表した結果によると、2025年には営業用トラックドライバー数の需要量が153万2527人であるのに対し、供給量は101万2147人でしかなくなり、52万380人の「不足」を引き起こすという。そして、2030年になると、不足人数は57万

5440人（需要量154万5746人、供給量97万3006人）まで拡大するというのだ（公益社団法人鉄道貨物協会「令和4年度本部委員会報告書」23年5月）。

現下のドライバー不足は、今後さらに深刻な事態となりそうである。

†求人難と減量経営

自動車運送業界の求人は極めて難しい。自動車運転者の有効求人倍率は2023年3月時点で、2・48となっており、全職業平均1・22の2倍以上になっている。同種の鉄道運転者や船舶・航空運転者の有効求人倍率がそれぞれ0・59、0・58であることを考えると、トラックドライバーのなり手がいかに少ないかがうかがえる（厚生労働省「一般職業紹介状況［令和5年3月分及び令和4年度分］について」）。

実際、運送会社の中には、1年間求人しても誰も来てくれない会社が少なくないという。求人のためにタウンワークやリクナビなどの求人情報誌に、毎月何十万円も支払っているところもある。とにかく求人効率が悪く、年間で数百万使っても10人も入らないのが現実で、ようやく雇えたとしても相応の人材であったり（低モラル、タメ口、入れ墨、ピアス）、3か月程度の短期間で離職する者も多かったりする。

このような形でドライバー不足が深刻化すると、物流企業は会社を維持するために減量経営に手を付けるか、ドライバー求人のために賃金を上げざるをえなくなる。その動きはすでにみられており、例えば、宅配便最大手のヤマトホールディングスは「クロネコＤＭ便」を２０２４年１月に、「ネコポス」を24年度末までに終了することを、23年６月に発表した。この結果、約３万人にも及ぶ個人事業主との契約が解除される。ドライバー不足の折、小型薄型荷物の配送は日本郵便に任せ、自社は宅急便に専念するためである。

また、トヨタ自動車は２０２３年７月に、物流代金の値上げ方針を発表している。これは、24年４月以降さらなるドライバー不足が懸念されるため、それに対処すべく自社の製品や部品を運搬する物流業者の配送料を引き上げるものである。いかに「世界のトヨタ」でも、「物流の２０２４年問題」で物品の流れが滞れば、生産や業績に直に関わるからである。

だが、すべての取引先がトヨタ自動車のような賢明かつ寛容な対応をしてくれるわけでも、できるわけでもない。賃金上昇に伴う人件費負担は、運送会社が自前で対応せざるを得ないからである。在職ドライバーも２０２４年４月からの働き方改革関連法の施行で、残業ができにくくなり、これまで以上に運搬できる荷物の数量に制約を受け、業績面で会社への貢献性が乏しくなるからである。

また、折からの物価高も物流企業の経営を圧迫している。とりわけ、ロシア・ウクライナ戦争および大産油国OPECプラスの減産を契機としたエネルギー価格の高騰は、物流企業に致命傷を与えかねないほど影響甚大だ。トラックの場合、軽油を使うディーゼル車が大部分だが、この軽油価格も、ガソリンと同様に上昇している。2020年8月にはリッター価格が115・7円だったものが、2023年9月には165・8円までこの約3年間で43・3%の値上がりをみている（資源エネルギー庁「石油製品価格調査の結果」23年9月4日）。

物流業界への入職者は減り、残業規制で稼げなくなった在職者が離職していく。その結果、いよいよドライバー不足が深刻になる。それに歯止めをかけるための賃上げや物価高が運送会社の経営を悪化させ、減量経営（人員整理、減車）を余儀なくされる。そして、減衰していく業績と多大な負債に耐え切れないところから倒産が起こる。

その結末は、運送業者の減少による荷物の遅配や配送料金の高騰となってユーザーを襲うというダークストーリーだ。

これは絵空事でも、脅しでもない。既にこの種の倒産は起こっている。2023年上半期（1－6月）における「運輸・通信業」の倒産件数は、211件あり、前年同期比34・4％増となっている。この上半期で200件超の倒産というのは、9年ぶりの悪数字である（帝国データバンク「倒産集計2023年上半期報」）。

6 困惑する利用者

†荷物の到着はどれくらい遅延するのか

物流企業の倒産によって日本の荷物の配送はどうなるのだろうか。もちろん、残業時間の上限規制だけですべての物流企業が倒産することなどない。しかし、配送者は間違いなく減少するので荷物の到着はこれまでより遅延することは必至だ。ユーザーにとってはこれが一つの不安な関心事だろう。

すでにその兆候は現れている。ヤマト運輸は、首都圏や関西圏など、従来翌日着配送をしていたエリアを、2023年6月1日から翌々日配送へと変更した。これはすでに始まりつつあるドライバー不足とその結果としての輸送能力の低下を視野に入れた対策である。

２０２４年問題で起こる「利便性の低下」を徐々にユーザーに慣れさせるためのソフトランディング政策を開始しているのである。

それでは実際、どれくらい荷物の遅延が起こるのだろうか。これは各物流企業によって、かつ運搬する距離や荷物の風袋等によって諸事情、諸条件が異なるので一概にはいえない。だが、やはり一つの切り口は、時間外労働の上限規制にあるだろう。これまで労使間で３６協定さえきちんと締結していれば、残業時間に制限はなかったが、２０２４年４月から９６０時間に制限される。

全日本トラック協会によると、法改正前の年間の時間外労働は１１８８時間。これが９６０時間に制限されると、物理的に19・２％の仕事量が減少することになる。つまりこのまま荷物の総数が減らないならば、２割近くの荷物が後回しにされ、累積的に到着が遅れていくことになる。この結果、東京から首都圏のような近距離圏で１日、関西圏のような中距離圏で２日、九州・四国などの遠距離圏で２－３日程度の遅れが出てもおかしくはない。

もしもこのような事態になると、例えば、日本人が好む地方の生鮮品が食べにくくなる。冷蔵すれば保つのではという考え方もあるが、この種の商品は鮮度が命で、迅速配送が不可欠だからだ。

働き方改革関連法による時間外労働の上限規制は、物流ＤＸのような配送システムの抜本的見直しがない限り、荷物到着の遅延を引き起こし、ユーザーに不便さを痛感させる事態となるだろう。

†運賃はどうなるのか

いわゆる「価格」は、需要と供給のバランスによって決定される。２０２４年４月１日からの時間外労働の上限規制によって物流サービスの供給が制限されることは確定事項なので当然、需要過多になり、運賃は上がっていくことになる。そして将来、官民を挙げて適切な対応がとられなければ、時間経過とともに需給のアンバランスはさらに拡大し、運賃は高騰し続けることになる。

実態面ではすでに（２０２３年４月から）宅配便の料金が引き上げられている。宅配便個数シェア約47・５％（２０２２年度）を誇るヤマト運輸は、80サイズの荷物を関東から関西へ送る際の料金を１２６０円から１３５０円へと90円引き上げた。シェア27・６％の佐川急便も、ヤマト運輸と同サイズ同配送先の場合、１１５５円から１２８０円へと１２

5円の値上げを行っている。料金の値上がり幅は、2社とも荷物の大きさや重量、配送先によって異なるが、平均でそれぞれ10%、8%程度の値上げとなっている。

国も今後の物流運賃の高騰を予見し、それを是認する方向にある。燃料代の高騰や荷待ち・荷役にかかる費用を「荷主企業等に適正に転嫁できるよう」標準化運賃の見直しを図るという（閣僚会議決定「物流革新に向けた政策パッケージ」23年6月2日）。この値上げを担保するため、国土交通省は2023年7月21日に、標準運賃や荷主企業を監視する162人体制の「トラックGメン」を設置した。

それでも今後、10%程度の運賃の上昇は起こりうる。諸物価高騰に苦しむユーザーにとっては非常に厳しい追い打ちといえる。もちろん、荷主への無料荷役サービスや最終消費者にとって魅力的な「配送料無料」はいずれ姿を消すことになるだろう。過当競争を排した健全な市場では、行き過ぎたサービスやコストに見合わない取引価格は自然淘汰されるからである。

†パワーシフトは起こるか

ここまで悲観的なトーンで「物流の2024年問題」とその影響を述べてきたが、メディアで「物流大激震!!」あるいは「ドライバーが消える日」と大袈裟に喧伝されるほどの危機は訪れないと筆者は思っている。無論、2024年4月1日から突然荷物が届かなくなるということは絶対にない。

その理由は、今回の核心である変更点が残業時間の上限規制にあるからだ。これによりトラックドライバーの中には稼ぎにくくなる者が少なからず出ることは確かだ。だが、それでも労使間で合意すれば年間960時間までの残業は可能なのだ。この上限時間は、月に換算すると80時間である。80時間の残業というのは、厚生労働省が過労死認定する水準だ。働き方改革、職場のホワイト化が声高に叫ばれる昨今、そこまで残業の虜になるようなドライバーはあまりいないだろう。

また、上記の通り、問題解決に向けた改善（残業減、遅配、配送料引き上げ）も徐々に実施されてきている。今後、AI化、自動化、ロボット化、モーダルシフト等によって物流DXが実現すれば、「物流の2024年問題」は過去のこととなる日も来るだろう。

ただ今回の件を引き金に、明確なパワーシフトが起こる可能性は高い。

国が、労働環境をホワイト化するために規制を強化すれば、必然的にブラック企業は淘汰され、相対的に少数の体力のあるホワイト企業が残存することになる。すると、これまで契約にない付帯サービスを要請したり、長い荷待ち時間を是正しなかったり、適正な運賃を支払わなかったりしたブラック荷主が選別・淘汰されることになる。

以前は、運送会社の圧倒的な供給過多状態から、要求通りにしない運送業者に対して「お宅の代わりはいくらでもいるんだよ」と、優越的地位を謳歌し、上から目線で無理難題を吹きかけてきた荷主企業が今度は逆に選別を受けることになる。パワーが荷主企業から運送会社に移行するのだ。

「物流の2024年問題」を契機に、これまで運送会社、とりわけトラックドライバーを「犠牲」にして成り立ってきたいびつな商慣行のつけを、今後は荷主企業が支払わされることになるだろう。

第一章　ロジスティクスの発展をたどる——産業と物流の相関史

1　高度経済成長とインフラ整備の時代——1950年代後半～60年代

産業が高度化すると、必然的に市場は拡大する。市場が拡大すれば、生産と消費との間の距離は広がり、その物理的ギャップを埋めるために物流が要請される。距離の拡大は当然のことながら、荷物の配達に時間やコストなどの負荷を高めるので、それを克服すべく物流は、高速化、低コスト化などに向けた模索を行い、技術的およびシステム的な進化を遂げることになる。

本章では、経済発展の途上で、産業は環境変化の影響を受けてどのように変貌し、モノの移転の面でどのような問題に直面したのか。そして、それを解決するために物流はどのような革新で応えたのか。主に産業と物流の発展の相関性に焦点を当てながらこれらの課題の推移を明確にしてみたい。

なお、振り返る歴史は、ハイレベルな産業発展と顕著な物流進化がみられた高度経済成長期以後とする。

†ボトルネックとなっていた物流

この年代は、著しい工業化の進展により大量生産、大量消費が謳歌された時代である。1954年から57年までの「神武景気」、58年から61年までの「岩戸景気」、さらには65年から70年までの「いざなぎ景気」といった日本神話の神々の名称をあてた、派手な高度経済成長が実現した。事実、国民総生産は、68年に米国に次ぐ世界第二位まで上り詰めた。

それを牽引した産業は、大きく二つに分類できる。一つは、鉄鋼、石油、セメントなどの重厚長大型の重化学工業である。これらの産業は、日本経済の発展を根本から支えるインフラを構成した。いま一つは、「三種の神器」(白黒テレビ、洗濯機、冷蔵庫)および

「新・三種の神器」（カラーテレビ、クーラー、自動車）といった消費財産業である。

この時代の日本では、好景気と産業発展の好循環が国民生活を豊かにし、旺盛な高度消費を生み出していた。

しかしながら、高度化する生産と消費の狭間でボトルネックになっていたのが、流通であり、とりわけモノの物理的な移転を担う「物流」であった。どんなに生産者が優れた製品を開発しようと、所得水準の上がった消費者がそれを求めたとしても、「物流」がそれらに見合うようにきちんと機能していなければ製品は最終消費者の手に届かない。この分野は生産や消費に比べて明らかに発展が立ち遅れ、市場の拡大や要請に応じた効率的・効果的なモノの輸送ができなかったのである。

ところで、この「物流」という言葉について少々触れておきたい。もちろん対価を取ってモノを移転させる活動は高度経済成長期どころか、ずっといにしえの奈良時代から存在する。西暦738年（天平10年）の「駿河国正税帳」には、すでに水上を渡す舟運業者のほか、「賃車の徒」という車を使った職業的運送業者が登場している。しかしながら、ここには「物流」という言葉は出てこない。この言葉は、1960年代になってから誕生したという説が有力である。それを紹介する中田信哉氏によれば、65年に出た経済審議会の答申「中期経済計画」の中で「物的流通」という用語が初めて登場したという（「物流システムの近代化」『流通現代史』日本経済新聞社、93年4月）。それが一般に流布される過程で省略され、「物流」になったと推察できる。

話を元に戻すと、１９６０年代には立ち遅れの目立つ流通を何とかしなければならないという課題に対して、行政主導で解決策の模索がなされていた。そして、一定の方向性が明確になったのが69年である。この年、産業構造審議会流通部会が「流通システム化について」を明らかにした。運輸省は、「物流システム化」を唱え、トラック輸送産業の保護・育成などを主張した。

†物流システム化

大量生産と大量消費の間を架橋するために、国は社会インフラの整備に着手した。ちょうど、１９６４年に国際イベント・東京オリンピックが開催されることになり、国威発揚・海外からの視線を意識する面もあって、道路の整備が積極化した。オリンピック前後には、名神高速道路（63年開通）、中央高速道路（67年開通）、東名高速道路（69年開通）などの大都市間の大動脈の道路インフラ整備がなされている。これらによりトラックによる長距離高速輸送が可能となり、トラック事業が爆発的に伸びていったが、相対的に鉄道輸送が下火になっていった。

また、社会インフラの整備は、港湾や臨海地帯でも進められた。大規模な港湾施設の建設、および海岸を埋め立てて造った人口湾やコンテナ専用埠頭を擁する臨海工業地帯の造成である。日本初の石油化学コンビナート「岩国大竹コンビナート」が誕生したのは、61年のことだ。これにより大型貨物船の乗り入れもでき、大量輸送も可能になった。

またこの時期に、海運業界では荷役作業の省人化で大きな成果を上げるイノベーションが登場している。コンテナ船の開発である。不揃いの風袋・大きさの荷物を標準化したら輸送効率が高まるという考え方は昔からあったが、それを実現したのは、マルコム・マクレーンである。彼はトラック運送業者出身だったが、56年に陸上輸送との連結輸送を可能にする海上コンテナを開発した。この荷物単位の「標準化」により、大量輸送および高速輸送が可能になり、輸送コストや在庫コストを大幅に引き下げることが可能になった。なおかつ荷物は金属製のコンテナに厳重に保管されるので、破損・汚損、および盗難なども防げるようになった。唯一の難点は、高重量のコンテナを吊り上げるクレーンだったが、これもガントリークレーン（港湾に設置される額縁状の巨大起重機）とスプレッダーというコンテナの四隅と連結して機械が引き上げる方式が開発され、解消された。

荷役業務の機械化・効率化にはこの他に、パレチゼーションがある。これは、パレットと呼ばれる木製や鉄製の平べったい台上に荷物を載せ、フォークリフトで積み上げ・下ろしを行う活動である。これは、従来からいる沖仲士、倉庫作業員、ドライバーなどの人間の肉体労働を代替してくれるもので、荷役作業を容易化、高速化、安全化する上で寄与するものになった。また、これにより省人化も進むので、人件費の圧縮も可能になった。高度成長期は、給料も上がったが、企業にとっては人件費や諸経費も高騰した時代だったので、このような省人化システムは非常に有用であった。

さらに、この方式のメリットは、「標準化」にある。コンテナ化と同様、パレットという単位で荷物の輸送や保管ができるようになったので、他社とのパレット共有やその後のレンタルパレットの利用にもつながり、自社所有につきまとうムダ（閑散期の保管コスト）を排除することができるようになった。

†倉庫から物流センターへ

倉庫というと出荷待ちの在庫品の一時的な保管場所の印象が強い。工場や小売店のような活気がなく、殺風景で、薄暗いイメージだ。しかしこの施設は、需給に応じた数量面および時間面の調整を成し、今も昔も極めて重要な役割を果たしている。

高度成長期には、この倉庫にも大きな変化がみられた。この時期には、東京や大阪など特定の大都市圏に人口が集中し、それに応じて産業も地理的な分業化が進展した。これに伴い、完成品や部品の輸送パターンが変化し、需給に応じた製品の入出荷が求められるようになった。

「消費は美徳」の掛け声の下、家電製品、カメラ、自動車、化粧品などの消費財が積極的に購買されるようになると、生産者は伝統的な流通業者に依存せず、販売会社（販社）という形で独自の卸売流通システムを築くところも出てきた。「おとり廉売」を行うスーパーマーケットの台頭などにより既存の卸売業者にまかせていると、価格やイメージの面で大量生産した製品を思うように消費者に届けられない焦燥感を覚えたからである。

花王は1963年5月、販社から25万店の小売店までフィールドマン活動をのばす「花王ファミリークラブ」をスタートした。この販社制度が軌道にのると、工場から販社へ直送する方式をとるようになった。物流コスト削減のためである。そしてそれは、販社倉庫の革新にも及んでいる。同社はこれより以前に、コンピュータのオンラインシステムを導入し、的確な在庫管理や高速出荷などを実現していたが、新しくなった販売倉庫では工場から販社までの一貫パレチゼーション、取引単位に応じた輸送のユニット化、フォークリフトによる省人化荷役などの物流近代化策を続々実行していった。

倉庫も単なる「物置」を超え、新技術を実装し、効率性を追求する機械装置へと進化していったのである。マテハン企業のダイフクが日本で初めて立体自動倉庫を世に送り出したのが、66年のことである。「ラックビル・ラックマスターシステム」というもので、荷物を載せるラック自体を柱とし、高層で大量の荷物を自動で捌《さば》けるものだった。

しかしながら、このような秀逸な倉庫技術の革新と同時に、問題も持ち上がっていた。物流需給が大幅に増大するにつれ環境問題を引き起こしたのだ。実際、倉庫周辺の道路が荷役待ちのトラックで混雑し、騒音や振動の問題を引き起こした。また、アイドリングするトラックから放出される排気ガスで空気が悪くなり、周辺住民との間で摩擦を生じたのだ。

このような周辺環境の悪化を防ぐため、および都市における流通機能を維持・向上するため、郊外に「流通業務施設」を造り、そこに倉庫機能を集約させることになった。これは、66年に公布された「流通業務市街地の整備に関する法律」に基づき、都市環境を良化し、荷物の集散・集配・保管などをスムーズに機能させ、流通業務の効率化を図ることを目指したものだった。

「流通業務施設」は、一般に「物流センター」と呼ばれることがある。この言葉もこの時期に登場したもので、近代化を志向する当時の物流の実態を象徴するものといえる。「倉庫」ではなく、「センター」というように欧米風の垢ぬけた表現にすることで、斬新なシステムであることをアピールしたかったのだと思われる。ともかくこの取り組みは、物流機能を一か所に集約化し、他社との共同も可能にし、かつ斬新な物流技術を導入することによって、効率的な輸配送を実現したのであった。

以上、高度経済成長期という時代は、大量生産と大量消費によって質・量ともに市場が高度化していった時期であった。これら2セクターを円滑につなぐ大量流通を実現するために、物流には大量輸送化、高速化、標準化、共同化などが求められてきた。ここには今でいう「物流品質」なる付加価値的要素は明示的には求められておらず、かなり「効率性追求」に高いウェイトが置かれていた。それは、恐らく次のような理由があったからと思われる。

高度経済成長期は、諸物価が高騰するインフレ下にあった。一般人はともかく、企業経営者はこのような厳しい状況に対峙して、いかに無駄なコストをカットするかに腐心していた。コストカット費目は、企業によってまちまちだが、総じて最も取り組みやすかったのが物流コストだった。物流とは、単にモノを運ぶことに関わる単純な行為に見えたからだ。工業所有権を有する生産者のような「余人に代えがたい」存在ではなく、価格・スピード重視で物流業者を選別することができる業界だった。

このような背景や思想があったがゆえに、産業から要望され、実現した物流進化は、極めて単純な「効率性追求」にあったのである。

2 安定成長と小口多頻度物流の時代——1970年代～80年代前半

†ハードからソフトへ

1950年代から続いた高度経済成長も、70年代初頭には終焉を迎えた。直接的な転機は、73年の第一次オイルショックである。この契機となったのは、同年10月に起こった第四次中東戦争だった。イスラエルとアラブ諸国（エジプト、シリア）との領土奪還戦争の過程で、石油輸出国機構（OPEC）による大幅な石油価格引き上げが行われ、原油の国際価格がわずか3か月で4倍にも跳ね上がった。

エネルギー海外依存度の異常に高い日本では、大変な事態が起こった。スーパーや薬局の店頭からトイレットペーパーがなくなってしまったのである。新型コロナ発生期のマスクの売り切れのような感じだ。当時、高校生だった筆者は「石油が来なくなったからといって、なぜトイレットペーパーがなくなるの？」とその因果関係に疑問を持ったものだが、包装資材を含め、石油が原料に使われている商品は多く、さまざまな商品がスーパーのラックから消えていった。今でも鮮明に覚えているのは、インスタントラーメンだ。「モノがなくなる」というパニックで、筆者も買い物に駆り出され、袋麺を10個まとめ買いしようとレジに出したところ、「5個までしか売れません」と店員に言い放たれ、その場で半分取り上げられてしまったことがあった。

物価の高騰も半端なかった。オイルショック前年に田中角栄総理によって打ち出された日本列島改造論が呼び水となって土地や株式への投機ブームが起こり、インフレが進行していた。それにオイルショックが強烈な追い打ちをかけたことで、「狂乱物価」といわれる異常物価高が現出した。

このような厳しい環境下で、無論、省エネルギー、省資源の重要性が声高に叫ばれ、その後、多くの産業で需要は冷え込み、日本の景気は悪化の一途をたどることになった。丁度、オイルショックが勃発した73年を頂点にして下り始め、早くも74年にはマイナス成長を記録してしまったのである。

当然、この時代には、物流も深刻な影響を受けた。数字をみると一目瞭然で、国内貨物輸送活動量（トンキロ）は、73年度の4071億トンキロから翌74年度には3758億トンキロまで、7・7％の低下をみている。輸送量（トン）をみるともっと顕著で、72年度の58億7700万トンから73年度には57億1600万トン、そして74年度には50億850万トンまで減少している。73年度からのわずか1年で11％も低下しているのだ。

高度成長期に日本の産業は、総じて大量生産・大量消費、そしてそれらを架橋する大量流通が志向され、アップサイジングが実現した。しかし上記のような明らかな低成長期を迎えると、必然的にダウンサイジングを迫られることになった。産業の重点は、鉄鋼、セメント、化学工業といった重厚長大な分野から家電製品、精密機器、自動車といった消費財産業の分野へシフトしていった。この流れは、別に「ハードからソフトへ」の転換と言い換えることができる。産業は、量的拡大から質的充実（付加価値追求）へと変化していったのだ。

物流もこの流れにのって、モノを物理的に運搬する作業面（ハード）の効率性向上からマネジメントシステム面（ソフト）の高度化へ重点を移していった。それは、情報ネットワークシステムをインフラとして、荷役、保管、流通加工、包装、輸送などのプロセス全体の最適化を導くためのシステムだった。例えば、花王ではこの時期にすでに、オンラインのリアルタイム処理が可能なソフトを独自に開発し、東京工場に設置した電子計算機ユニバック418と営業所を専用回線でつなぎ、受注・出荷・在庫などの状態を正確に把握している。

†革新的な「宅配便」の誕生

消費財産業の伸長により、生産および流通にも質的な変化が現れてきた。市場の画一性を前提に、大量マーケットを狙うマス・マーケティングから多様化・個性化する消費者を前提に、ターゲット・セグメントを狙う差別化マーケティング・集中化マーケティングへのシフトである。これら細分市場をターゲットとするマーケティングで成果を上げるために、生産者は、多品種少量生産を余儀なくされた。

また、物流業者もこれに合わせて、小口多頻度配送を求められるようになった。

高度経済成長期に爆発的な伸びを記録したトラック業界だが、そんな中でも出遅れていたのが大和運輸（現、ヤマトホールディングス）だった。同社は1919年に東京・銀座で運送会社をスタートし、当時全国でも204台しか存在しなかったトラックの内の実に4台を保有する「由緒正しい企業」だった。だが、路線トラック事業でこそ成果を上げられたものの、主要商圏が関東で長距離輸送には潜在的な弱みを持っていた。

そして、襲ってきたのが、オイルショックである。トラック運送会社は、オイル価格の上昇が即、コストアップとして跳ね返り、経営を脅かされた。同社は、低成長期に入って、経営危機すら囁かれるようになった。

このような厳しい状況下で、逆転の発想で誕生したのが「宅急便」である。それは、76年1月のことである。高度経済成長期には、大口の荷物を大量一括で長距離運ぶのが効率的・効果的で、企業の実入りもよかった。細々とした小口荷物にいちいち応対するのは集荷や配送に手間やコストばかりかかり、決して生産的ではなかったのである。それゆえ、この種の荷物の配送は、営利追求を目的とする民間企業ではなく、国がかりの官営・郵便局にほぼまかされていた。実際、郵便局の小包郵便は、1892年（明治25年）から取り扱いが開始されていて、長い歴史と実績を誇っていた。

しかし、後から振り返ると、この小包郵便は利用者にとって非常に不便なものだった。その一つが梱包の手間である。1970年代当時、6キロを超える荷物には荷崩れ防止のため紐をかけねばならなかった。それゆえ、どこの家でも荷物紐が常備されていた。いま一つ不便さが運搬の手間である。高重量の荷物の場合、鉄道駅まで利用者自身が運ばねばならなかった。いわゆる「ファーストワンマイル」の結構な距離の物流を顧客が自ら行わなければならなかったのである。

また、小口荷物の配送事業というと日本郵便を別にすれば、今でこそクロネコヤマトの「宅急便」が最初で、佐川急便は後発とみられがちだが、実は違う。この事業は佐川急便の方が一足早く、61年に設立された「有限会社佐川」では、地域事業者を組織化して小口の商業貨物の配送を行っている。また、東北を拠点とする三八五貨物（現、三八五流通）も「グリーン宅配便」という小口配送サービスを手掛けている。こちらは、70年代前半のことである。

ただし、「宅配荷物専業」を打ち出したのは、大和運輸が最初であった。同社は、消費の多様化・個性化で小口荷物の配送量が増加する趨勢にあったことに着目し、かつ上記のような利用者の不便さの解消が採算の取れる商売になると踏んだのである。実際、1キロ当たりの単価でみると、小口荷物の収益性の方が高く、これを大量に集荷できれば十分採算を取ることができると考えたのだ。まさに、大口荷物を大量一括で運ぶ高度経済成長下の物流とは対照的な逆転の発想であった。

ヤマト運輸の「宅急便」がスタートした頃、筆者はすでに大学生だったので、この切り替わり時の状況を鮮明に覚えている。ある時、知り合いに荷物を送る必要があり、段ボール箱に相手の宛先をマジックインキで書いていた。すると、母から「そんなところに住所を書かなくてもいいんだよ。宅急便で送ればいい」と諭された。その当時、まだ出始めの宅急便のことはつゆ知らず、送付状にボールペンで必要事項を書けば無地の段ボール箱が相手に届くとは思ってもみなかった。「でも届かなかったら困るから、一応書いておく」と言って、送付状とは別に段ボール箱に相手の宛先と自分の住所氏名をすべて書き込んで「宅急便」で出したことがある。

しかしそれ以降は、マジックや紐を用意しなくて済むこの配送システムの利便性を満喫することになった。宅急便にはこれら以外にもたくさんの利便性がある。「電話1本で集荷・1個でも家庭へ集荷・翌日配達・運賃は安くて明瞭・荷造りが簡単」という同社のコンセプトに如実に示されているように、多様化・個性化し、小口宅配のニーズをもった消費者にとって夢のような革新的な物流システムであった。

成果も著しく、79年には取扱個数約1000万個、84年には約1億個まで到達している。

†ジャストインタイム物流

ジャストインタイム(JIT)は、世界に誇る日本の自動車メーカー・トヨタ自動車によって考案された秀逸な生産システムである。もちろん、物流にも大きな影響を与えた。ジャストインタイムとは、必要な部品を、必要な時に、必要な量だけ前工程に取りに行き、必要な数だけ自動車をつくる方法であり、これも上記の大和運輸とは別の意味で、逆転の発想である。

通常、製品の生産は諸般の事情を考慮し、まだ見ぬ潜在需要を予測して、工程を後ろへ積み重ねていくことでモノ作りが行われる。これはいわゆる「プッシュ型」といわれる方式で、需要予測を間違えると、大量の在庫を抱えてしまう危険がある。これに対して、ジャストインタイムは、今ある顕在需要に基づいて最終の生産ラインから前工程に必要なモノを必要な数量を取りに行くいわゆる「プル型」なので、過剰在庫や不良在庫を抱えるリスクがほぼなくなる。従来のプッシュ型の生産方式からプル型へ転換したことが逆転の発想といえる。

だが、このシステムの考え方は実は非常に昔からあるもので、豊田佐吉の長男で二代目社長になった豊田喜一郎が1938年、愛知県豊田市挙母町に自動車工場を造った時にはすでにこの発想を有していた。同工場施設では、ジャストインタイム生産が可能なように自動車生産に必要な工程をすべて備えた一貫工場であっただけでなく、各工程は相互に連続するように構成されていた。

このシステムの肝は、生産量という最終目標があらかじめ決まっていて、そのために必要な部品を逆算して取っていくという形をとるので、各工程の在庫量をほぼゼロにできる点にある。在庫はコストであり、それを極力減らすことがいつの時代でも物流に求められることである。日本の物流業界では、宅急便が流行り、小口多頻度物流が盛んになった70年代半ば頃から「ジャストインタイム物流」が脚光を浴びるようになった。

同時に注目を集めたのが、「かんばん」である。これはトヨタ自動車の工場内だけでなく、部品サプライヤーも工程の一つとして無駄な在庫を排除するために機能する情報伝達手段である。「かんばん」には、「引き取りかんばん」と「仕掛けかんばん」があり、前者は、後工程が前工程に部品を取りに行く時間と数量を記した「かんばん」で、後者はロット生産する際のロットのサイズや生産時期を記したものである。

企業間の情報ネットワークも整備されつつあったこの時期に、諸情報を同期化し、システム全体の在庫量を最小化して、ハイスピードなモノの流れを生み出す上で、「ジャストインタイム」や「かんばん」は大きな役割を果たしたのである。この応用例は、小売業で採用されたPOSシステムである。78年に共通のバーコードが開発され、販売時点での情報管理やビッグデータの収集を可能にしたPOSシステムは、スーパーマーケットやコンビニエンスストアに導入され、店舗在庫の削減や搬入トラックの適時適配などに大きな貢献をした。

しかし、光には影がある。これらのシステムが、物流問題解決のパーフェクトな切り札になったかというと、そうは言えない面もあり、それどころか新たな問題すら提起した。ここでは詳細は述べないが、例えばある時、ジャストインタイムの生産ラインが止まるという事態が起こった。その原因は、高速道路の渋滞にあった。配送トラックが巻き込まれたこのトラブルにより、届くはずの部品が定時に届かなかったがゆえに、生産ライン自体を停止せざるをえなくなったのだ。ある程度の在庫を保有していれば起こらなかった出来事である。

また、あるコンビニ・チェーンでは、店内在庫を最小化するため、納入業者に小口多頻度配送を要求していた。この結果、納入業者の人件費や燃料費の負担が増え、なおかつ配送車両の放出する排気ガスで環境悪化の問題も引き起こした。

3 グローバル化と規制緩和の時代——1980年代後半～2009年

†バブル経済の発生

1980年代後半から90年代初頭にかけて異常な好景気に沸いた時代があった。いわゆる「バブル期」である。人々は熱病に浮かされたように土地や株式の投機に走り、海外旅行に興じては欧米の高級ブランドを買い漁り、高級なレストランや料亭で美酒や美食に酔いしれたのである。

この時期には筆者もすでに社会人になっていたので、マンションを購入して数年で引っ越し、販売価格が購入価格の約2倍になっていたことに驚いたことがあった。また、酒はたいして飲めない方だが、友人にお相伴して、わずか50メートル弱の短距離をタクシーで移動していたこともあった。別に気が変わったわけでも用事を思い出したわけでもない。初めから50メートル弱の移動だけが目的だったのだ。

なぜこんな短距離の移動にタクシーを使うかというと、ほろ酔い気分で友人と連れだって二次会に行く際に、立ったまま信号待ちをするのがかったるかったからだ。つまり、信号を渡るためだけにタクシーを利用していたのである。今考えると、正気の沙汰とは思えない。ドライバーさんは、さぞや迷惑を被ったことだろう。まさに「異常」な好景気に浮かれていたのである。

こんな事態が起こった背景は、日本企業のグローバル化とその成功にあった。1ドル360円の固定相場制から71年の「ニクソン・ショック」によるドルの弱体化の認識により、変動相場制へと移行した。これによりすでに日本企業の海外直接投資は増加していたが、決定的な転機は、85年9月に交わされた「プラザ合意」にある。それ以前、著しい経済成長と固定相場に守られてきたわが国企業は、米国をはじめ世界に輸出を拡大し、その様は「集中豪雨」と表現されるほどだった。巨大フェリーに続々積み込まれていく日本車の大群は壮観で、船積みされた自動車間の距離がわずか数センチとニュースで聞いてそのドライビング・テクニックの凄さと積載車両の多さに驚嘆したものである。

さて、転機となったプラザ合意に話を戻そう。米国ニューヨークのプラザホテルには、日本、米国の他、イギリス、フランス、西ドイツのG5《ジーファイブ》国が集まり、話し合いがもたれていた。その理由は、日本の強大化する輸出に歯止めをかけるためであり、とりわけ米国の双子の赤字（貿易赤字と財政赤字）を解消するためだった。この結果は、協調介入の是認による円高と日本製品の輸出量の削減をもたらすことになった。為替は、ドル／円がわずか1日で1割近く下げるという異常事態になった。

進行する円高は、日本企業の価格面での国際競争力をそぎ、輸出量を低下させる。外需主導で稼いできた日本にとって、この状況は極めて深刻な事態となった。いわゆる「円高不況」の到来である。これを克服するため、日銀は公定歩合を引き下げ、国は所得税と住民税を合わせた最高税率を93％から84年に88％、89年に65％まで引き下げた。この結果、世の中に「カネ余り」状態を生み出し、その旺盛な余裕資金が土地や建物、ゴルフ会員権、そして絵画・骨董などの美術品への投資に振り向けられていった。

†バブル経済下の物流

それではこの異常に浮かれた時代に、物流はどうであったのだろうか。

国内貨物の輸送量をみると、明確な傾向が見て取れる。トンキロベースでの貨物輸送活動量は、1985年度は前年度比マイナス0・1%と微減だったものの、その後は、86年度0・2%、87年度3・2%、88年度7・6%、89年度6・3%、90年度6・5%、91年度2・4%、とずらりと前年増の数値が並んでいる。

トンベースの貨物輸送量もほぼ同様で、86年度は前年度比マイナス1・8%であったが、その後は87年度4・6%、88年度7・0%、89年度5・8%、90年度4・1%、91年度2・1%、とプラス成長を記録している。つまり、バブル期には、明らかに物流量が増加し、その配送距離も伸びていたことがわかる。

機関別にみると、どの物流手段の利用度が高まったのかがよくわかる。バブル期の伸長がよく理解できるよう、70年度と91年度を比較してみよう。この期間に、鉄道の貨物輸送活動量は634億トンキロから272億トンキロへ57・1%減、自動車は1359億トンキロから2838億トンキロへ108・8%増、内航海運は1512億トンキロから24

82億トンキロへ64・2％増となっている。

同様の比較を貨物輸送量についてもみておこう。同期間で、鉄道の貨物輸送量は2億5600万トンから8600万トンへ66・4％減、自動車は46億2600万トンから62億6100万トンへ35・3％増、内航海運は3億7700万トンから5億7200万トンへ51・7％増となっている。

以上をみると、自動車と内航海運の輸送の伸びが著しく、鉄道輸送が凋落していることがよくわかる。とりわけ、自動車の貨物輸送活動量の成長が顕著で、トラックによる長距離輸送の拡大が見て取れる。

このようなマクロの動向に関して、筆者は肌感覚で知る経験をしたことがある。経験したからといってトラックドライバーをしていたわけではないのだが、ちょうどこのバブルの絶頂期に、愛知県トラック協会から調査や講演のお仕事を複数年にわたっていただいていた。そこで、運送会社の経営者やトラックドライバー、さらには業界紙の方々と結構密にお話をする機会があった。

そこで聞いたのは、「荷物が多すぎる」、「受注が多すぎる」、「トラックが足りない」、「ドライバーが足りない」ということだった。「物流の2024年問題」に面した現在のトラック業界が抱える問題と同じである。当時は、宅配便のような小口の荷物輸送が激増し、不動産バブル真っ只中だったので、人材が建設業界へ流れてしまうことがあったようだ。「たくさん仕事があって、運賃も上がるし、左団扇じゃないですか」と筆者が含み笑いを浮かべながら物流会社経営者に話しかけると、「貧乏暇なしですよ。もう車の差配ができないよ」と若干怒気を含んだ声で切り返されたことを覚えている。

†海外直接投資とグローバル物流

プラザ合意後の「円高不況」は、前記の通り、日本経済に大きなダメージを与えた。多くの輸出企業が世界市場で価格競争に敗れ、輸出量が低下し、企業業績を悪化させることになった。それの打開策の一つとなったのが、海外直接投資である。現地生産、現地販売などを活発化させることで、コストダウンと業績アップを実現しようとしたのである。

日本の対外直接投資額は、1985年のプラザ合意以降、激増している。5年刻みの年平均投資金額をみると、米国向けは85年から89年までの間が196億ドルとなっており、その前の5年間（80-84年）平均の25億ドルに比べ、約8倍に増加している。

また、アジアNIEs（台湾、香港、韓国、シンガポール）への直接投資も、80年から84

年までの年平均7億5300万ドルから85年から89年までの25億9900万ドルまで、約3・5倍の伸びを記録している。

グローバル・マーケティングの要諦は、最も安く入手できるところで資源を仕入れ、最も合理的に生産できるところで製造し、最も高く買ってくれるところで販売することにある。円高によって日本国内での生産に合理性がなくなった以上、海外生産は不可避の事態だったが、ここに物流上の問題が発生した。

物流とは言うまでもなく、生産と消費の間を架橋するシステムであり、モノの移転活動である。日本企業が海外で生産を行い、現地で売るだけならこの問題は小さくて済むが、出来上がった製品や半製品を日本国内に逆輸入するとなると、物流の問題が痛切に意識されることになる。生産地点と消費地点との距離的ギャップが大きいからだ。輸送方法はもちろんのこと、在庫管理や荷役等の仕組みまで新たに考えねばならない。

この時期には、グローバル物流を円滑に進めるためのソフト面の改良がみられた。

それは、NACCS（Nippon Automated Cargo and Port Consolidated System, Inc.）という組織が担っている。この組織は、グローバル物流の効率化、港湾・空港の国際競争力の強化を目的として、77年10月に官民共同出資により設立された。同組織は、輸出入者、貨物の運送業者、貨物の保管業者、銀行、保険会社、行政機関など関係組織をオンラインで連結し、貨物の流れにそった行政手続や各種業務を総合的に処理・支援する総合物流情報プラットフォームを提供している。

グローバル物流を志向・実行する企業は、NACCSの提供するプラットフォームによって、通関や関税納付などの業務を極めて合理的に処理できるようになった。85年からは、それ以前までの航空貨物の輸入システムに、輸出システムを加えた輸出入統合システムを始動させ、91年からは海上貨物の輸出入情報処理システムも稼働させている。

このような情報ネットワークをインフラとするシステムは、情報の一元的管理や共有化等を可能にし、物流活動を迅速かつ効率的に展開する上での貴重なサポートとして機能することになった。

†規制緩和と環境問題

1980年代後半から90年代初頭にかけてみられた土地、建物等の資産価格の異常上昇も、不動産融資の総量規制であえなく消滅した。いわゆる「バブルの崩壊」である。その後は、「失われた30年」とも揶揄される長期のデフレ不況が続き、いまだにその余波が燻っている。

この時代のエポック・メーキングな事象として、規制緩和を忘れることはできない。80年代には、「戦後政治の総決算」を標榜する中曽根康弘内閣によって国鉄(後のJR)、電電公社(後のNTT)、専売公社(後のJT)の民営化が推し進められ、「官から民」への移行が積極化した。

運送業も、免許制を緩和され、自由化に向かって突き進んでいった。バブル経済下での小口荷物の配送ニーズの高まりと深刻なトラックドライバー不足等を考慮して、90年12月に「物流二法」といわれる緩和法が施行された。この二法とは、「貨物自動車運送事業法」と「貨物運送取扱事業法」で、これらの新法により、運送事業は免許制から許可制に変わり、運賃は認可制から事前届け出制へと緩和された。

この結果は序章でも述べた通り、その後、物流業者の大幅増加と激しい価格競争・サービス合戦をもたらす厳しい状況を招来した。

それ以外にも規制緩和は、深刻な社会問題を引き起こしている。都市環境問題である。60年代に都市環境を改善し、流通機能を向上するため、郊外に「流通業務施設」を造ったことに関しては前述の通りだ。

しかしながら、物流施設を郊外に追いやることで、都市環境の問題が解決したわけではなかった。90年代になると、違法駐車問題がクローズアップされるようになった。一般的な動向として、モータリゼーションの普及により車両数が増え、とりわけバブル期には一般車だけでなく、サイズの大きな外車や国産高級車も増えていた。もちろん、営業用トラックの数も物流二法のお陰(?)で増加の一途をたどっていた。

言うまでもなく車には、駐車スペースが不可欠である。しかし、東京や大阪のような大都市圏では、人口密度が高く、地価も高いので、十分な駐車スペースをとりにくい。それゆえ、勢い違法駐車がはびこる下地があった。なおかつ、90年代初頭には、東京23区および大阪市内の道路を走行する車両の6割強が貨物車だという実態があった。

物流トラックも荷物を配送する際には一時的に駐車スペースが必要になる。特に大都市圏では人口も高層ビルも多いがゆえに、配達する荷物の絶対数が多かった。それに加え、折からの宅配便ブームやコンビニエンスストアの増加により配送業者による小口多頻度配送が常態化していた。その結果、都市部に配送トラックが溢れ、それによる違法駐車、交通渋滞、さらには自然環境の悪化などがもたらされたのだ。

都市向けの配送が不可避である以上、物流施設を郊外に移転させたからといって、これらの問題が解決するわけではない。ちなみに、90年時点で一時的に路上駐車をする「瞬間路上駐車台数」は東京で、23万1000台、そのうち「違法駐車」は20万5000台だった（警視庁調べ）。同じく大阪では、それぞれ36万7000台、31万1000台であった（大阪府警調べ）。路上駐車の大部分が違法駐車であることがわかる。

このような事態に鑑みて、94年に「駐車場法の一部改正」が行われた。標準駐車条例ではこれ以前から新規のビル建設の場合に駐車場の義務付けを行ってきたが、事業者が普通乗用車用の駐車場しか作らず、貨物車がはみ出す事態が頻繁に起こっていた。しかし、この法改正で、貨物車の出入りが激しいところは、専用路やトラック用の駐車場の設置を義務付けることができるようになった。

これにより、大都市のオフィス街でトラックが路上で駐停車し、荷物の積み上げ・下ろしをする「荷捌《にさば》き作業」ができにくくなり、一車線をふさいで交通渋滞を引き起こすケースも少なくなった。

大都市圏でのトラックによる「荷捌き作業」に関して、駐車場法とは別の制約も出てきた。「大規模小売店舗立地法（大店立地法）」の施行である。

日本では、大店立地法ができる前に「大規模小売店舗法」という経済的規制があった。

これは、競争弱者である中小零細小売業者の事業機会を確保することを目的としたもので、大型店が出店しようとする際に、中小零細小売店への経済的影響を考えて大型店の店舗面積、休業日数、閉店時刻、開店日などを調整した法律である。

しかし、80年代から対日製品輸出の拡大をもくろむ米国が、海外製品の取扱高の高い大型店の出店自由化を求め、日米構造協議、WTOへの提訴を通じて、再三大規模小売店舗法の撤廃を要求していた。日本政府もそれに屈服し、90年代以降、同法の度重なる緩和を行い、ついに2000年5月末日に撤廃することになった。

同年6月1日から新たに施行された大店立地法は、中小零細小売業を守る経済法ではなく、大型店が進出する地域住民の生活環境の保持を目的とした環境法である。この法律では、1000平方メートルを超える大型店を新増設しようとする際に、主に次のような事柄が審査されるようになった。

一つ目は交通渋滞であり、それを引き起こさないための「駐車施設」の充実である。大型店の進出により、近隣道路の交通渋滞が起こると、来店客にも、それ以外の通行者にも迷惑をかける。このような事態を回避すべく、十分な駐車施設を確保しなければならないというものだ。

二つ目は「騒音」の問題である。とりわけ大型店の発する夜間騒音は、周辺住民との間でトラブルに発展するケースが多かった。このような事態を回避するため大型店サイドは防音壁や植栽の設置、搬送車のアイドリングなどに細心の注意が必要になった。

三つ目は、廃棄物の問題である。大型店は、毎日大量の生ゴミ、ラップ、ペットボトルなどのゴミを排出する。これらは管理が不十分であると、地域に散逸したり、悪臭の元になったりする。大型店は、廃棄物の十分な保管容量を確保しなければならなくなった。

物流は、以上の項目に密接に関わり、その責任を追及されることになった。

また、都市環境の悪化を防ぐため、１９９２年に「自動車$\mathrm{NO_x}$・ＰＭ法」が制定され、東京や大阪で排出基準を満たさない車両の使用制限が開始された。$\mathrm{NO_x}$（窒素酸化物）やＰＭ（粒子状物質）の排出が人体に悪影響を及ぼすからである。２００２年には、その対象地域を埼玉、千葉、神奈川、愛知、三重、兵庫まで拡大した。大阪府では、排出基準を満たさない車両の使用禁止という厳しい措置をとったため、運送業者によるトラックの買い替え需要が急増した。この流れにのってマツダは、低公害性能に優れたビジネスユースのディーゼル車「ボンゴ・バン」を出している。

また、東京都は、中小事業者向けに特別融資あっせん制度を新設した。$\mathrm{NO_x}$やＰＭの排出を抑制するため、低公害のディーゼル車への買い替えを支援するものであった。以前からある自動車取得税の軽減措置に加え、このような新たな取り組みによって、物流業者は低公害車への乗り換えが容易になり、都市圏の環境悪化にもブレーキがかかるようになった。

†リサイクルの活発化

1990年代から2000年代初頭にかけて、公害問題に加え、資源問題への対処も声高に叫ばれるようになっている。地球の資源は有限であり、それを使い捨ててしまうのは「もったいない」ということで、有効活用を考える時代になった。直接的な契機は、家電、食品、容器包装、自動車などのリサイクルを促進する法律の制定である。

とりわけ積極的だったのは家電業界である。01年春に施行が決まっていた特定家庭用機器再商品化法（家電リサイクル法）に対処するため、三菱電機は1999年にはテレビ、冷蔵庫、洗濯機、エアコンなどの廃棄家電処理のためのリサイクルプラントを立ち上げている。興味深い動きとして、処理施設の共同化もみられたことだ。東芝、松下、三菱、日立などの名だたる電機メーカーが共同出資し、処理施設の建設を行った。「競争は製品で、処理施設は共同で」といった感じである。

物流に関しても、リサイクルの取り組みは多彩を極めた。例えば、トナミ運輸はこの時期に、企業で不要になったパソコンを回収してまわり、契約した工場までそれを運搬してリサイクルしていた。回収したパソコンは、そこで金や銀など貴金属をピッキングしたり、外枠のプラスチックを再利用できるように処理したりしている。

この時代、荷役材料の再利用でユニークな取り組みもみられた。東大阪市の東大阪ケース株式会社では、物流センターや倉庫で使うパレット（リックパレ）をなんと紙で作ったのだ。この荷役資材は、重い荷物をフォークリフトで持ち上げる時に使用するものなので、すのこ状で、木や金属で作られているのが普通である。ところが紙製なので、最初は防水性や荷重性やコスト面で困難もあったそうだ。だが、それらを解決すると多品種少量生産にも成功したという。結果として、古紙のリサイクルが可能になり、資源問題への一つの解決策を提示することにもつながった。

さらに時代が経つと、物流企業によるリサイクル製品の開発もみられる。東京杉並区を本拠地とする株式会社ウインローダーは、２００５年に不用品を回収し、それを加工して作った製品を「Re-arise」と名付けたブランドで販売するためのプロジェクトを開始している。これはそのままでは、リサイクルも、リユースもできないような物をデザイナーがアイデアを出してリメイクするものである。まさに資源の再利用による循環型商品開発といえる。このようなことを「物流企業」が主体的に取り組むことが素晴らしい。

†フォワードロジスティクスとリバースロジスティクス

ところで、ここで少々、物流の種類について明確にしておきたい。一般に「物流」というと、生産者の手を離れ、卸売業者や小売業者、あるいは物流専業者を経て、最終消費者の手に商品が渡るまでの「モノ」の流れを指すように思われる。ただ実際には、原材料の調達、生産プロセス、卸売業者、小売業者、物流専業者などを経由して最終消費者にモノが届くことになる。このような川上から川下へ向けたモノの流れが、「動脈物流」あるいは「フォワードロジスティクス」といわれるものである。だが重要なのは、「物流」という概念がこれだけを指すわけではないという点だ。

もう一つ、「静脈物流」あるいは「リバースロジスティクス」と呼ばれるものがある。これは、最終消費者を起点とし、彼ら/彼女らが廃棄したり、返品したりしたモノを廃品・再生処理施設まで運搬する川下から川上に向けた物流である。上記のトナミ運輸やウインローダーが行う物流活動が、静脈物流である。資源の希少性が強く意識されるようになって以降、リサイクル、リユース、リデュースといった「再利用系」の活動が活発化し、このような用語が使われるようになった。

†救世主「ロジスティクス」

そしてもう一言、「ロジスティクス（logistics）」という言葉についても触れておきたい。歴史の生き証人である筆者の感覚からすると、日本におけるこの概念の誕生は、だいたい1990年代の初頭だろうと思っている。90年あたりをピークに株価も、景気動向指数も凋落する「バブル崩壊」があり、大不況が日本全土を覆い尽くし、その後の「失われた10年」、「失われた30年」などの不快かつ不吉な用語を生んだ。

失業や倒産の危機に直面した日本経済の構成員達の間で、物流分野における「救世主」的存在として、「ロジスティクス」という言葉が蔓延していったと思われる。この言葉の「救世主性」は、主に①コストカット領域の拡大、②戦略性の高さ、③イメージアップに集約できる。それぞれについてみていこう。

①コストカット領域の拡大だが、「物流」時代には、配送コスト、在庫管理コスト、荷役コストなどモノの移転に直接絡んだコストの削減が志向され、効率性が追求された。しかし、「ロジスティクス」では、生産に関わる川上レベルのかなりのモノの移転にも積極的に踏み込み、そこでの効率性の追求もなされている。原材料確保に関わる物流は「調達物流」、生産プロセスに関わる物流は「生産物流」として以前からあったものの、よりこちらの部門に対する評価のウェイトを高め、川上から川下へと至る包括的プロセスの合理化・効率化が求められるようになった。

②戦略性の高さについてだが、「物流」時代には、英語でいうフィジカル・ディストリビューション（Physical Distribution）が実行されていて、販売物流を効率化するにはどうしたらよいのかという点に主に焦点が当てられていた。だが、「ロジスティクス」時代では、コストカットだけでなく、付加価値創造も積極的に行われている。大和運輸の「電話一本で集荷・一個でも家庭へ集荷・翌日配達・運賃は安くて明瞭・荷造りが簡単」という対最終消費者向けのコンセプトが最もわかりやすいが、事業者向けでも「時間厳守、荷役作業も無料で提供、言葉遣いも丁寧に対応させていただきます」といったセールストークは単にモノを運ぶことを超えた付加価値の創造といえる。物流二法の規

制緩和（90年）によって激増した物流業者はマーケティングに目覚め、その後の大不況下で顧客のニーズを先取りする戦略性を持たねばならなかったのである。

③　イメージアップについてだが、当時は今と違って正直言って物流業界の印象はあまり良くなかった。「流通」自体が当時まだピーター・ドラッカーの言った「経済の暗黒大陸」感を脱せず、その中でも最深部に位置し、荷物の運搬に携わる比較的単純で重労働な作業は日の当たらない地味な労働だった。もともと物流は、「兵站《へいたん》」といい、戦時中は前線の戦闘部隊に食料品や軍事物資（武器、弾薬、燃料等）を運ぶ後方支援係である。戦時中、「輜重輸卒《しちょうゆそつ》が兵隊ならば、蝶々やトンボも鳥のうち、電信柱に花が咲く」といった揶揄《やゆ》に端的に示されるように、単純かつ重労働の運び人に華やかなイメージはまったくなかった。筆者自身は、どちらかというと「暗い」というより「怖い」イメージだった。東映から配給された菅原文太さん主演の「トラック野郎」の強烈な印象がしばらく残っていたせいか、デコトラ（派手な彩色画や電飾を付けたトラック）を路上で見かけるとすかさず退避したものである。

一般的にも物流は、きつい、汚い、危険な３Ｋの典型職種の一つで、90年代前半には労働者不足を解決するためにイメージの刷新が重要な課題になっていた。その解決の口火を切るように、「日本ロジスティクス協会」が誕生した。これは、従前の「日本物的流通協会」が改名しただけなのだが、このカタカナ表記が米国風の垢抜けたイメージの形成に果たした役割は小さくない。これを境に、企業も、役所も積極的に「ロジスティクス」という言葉を使用し、普及させていった。

前記の通り、「ロジスティクス」には概念上、川上から川下へと流れるフォワードロジスティクスと、川下から川上へと逆流するリバースロジスティクスが包含されている。とりわけ、資源問題が強く意識されるようになると、後者の重要性が高まってくる。この時代は、このような環境サイドの変化と上述のような三つの事情により、用語の変化がなされたといえる。

ただし、本書で「ロジスティクス」より、「物流」という用語を多用している理由は、その一般性と対象領域にある。ECのアマゾンの書籍で「物流」を検索すると、8000件以上出てくるのに対し、「ロジスティクス」ではわずか772件だった（2023年9月26日時点）。10倍以上の開きがあるのである。いまだ「物流」の方が一般的な用語なのだ。

また、前記の通り、「ロジスティクス」は生産（川上）に関わるモノの移転にも重きを置いた包含性の高い概念であるとしたが、やはりモノの流れの「主役」は生産された後の流通プロセス（川下）でのモノの移転にある。本書も主にそこに焦点を当てているがゆえに、「物流」の用語を使用しているのである。

4　地球社会との調和の時代——2010年以降

よく言われるように「歴史は現代を映し出す鏡」である。現代的なテーマのように見える資源問題や環境問題も、ずっと以前から存在した。経済発展により、造船や神社仏閣、一般家屋、そして木炭などに大量の木材が使用されることによって、江戸時代の山の多くがはげ山になっていたことは有名な話である。これにより治山に影響を与え、各所に大きな被害を及ぼしてきた。伐採禁止令の勅を天武天皇が発令したのはなんと西暦676年、飛鳥時代のことだそうだ（鈴木重胤『日本書紀伝』）。

本章では、高度経済成長期以降の産業と物流の関連史を概観してきた。経済動向、産業発展、そして物流の進歩により、社会は多大なプラスの恩恵を受けてきたが、同時に多様な問題も生み出してきた。そしてそれは今も続いていて、その影響度は過去とは比較にならないほど強く、広域に拡大している。これらの内にはすでに全地球レベルの大きな課題となっているものも少なくない。

これまでも人間は困難に直面すると、英知を絞り、何とか乗り越えてきた。物流業界も同様である。現在、直面している問題や社会からの要請に、物流業界はどのように対応しているのか、そして今後していくのか。以下では、現代の経済社会の動向と物流との関わりについて叙述することにしたい。

ただし、物流の最新動向および将来の展望に関しては、別の諸章で具体例を挙げ、詳述するので、本節では、あくまでも要点のピックアップにとどめたい。

†カーボンニュートラルに向けた物流

今日、国連を中心に「持続可能な開発目標（SDGs）」が唱えられ、世界各国は17の目標達成を目指して、地球環境への配慮、持続可能な資源利用、イノベーション促進等に注力している。無論、物流業界もそれにそった対応が求められ、すでに実行に移しているものも多い。

主要な取り組みの一つが、グリーンロジスティクスである。これは省資源化やリサイクル化、さらにはカーボンニュートラル（温室効果ガスの排出と吸収・除去を同量にすること）の実現を志向する物流の取り組みである。とりわけ、地球温暖化の主因であるCO_2排出に焦点を当てると、全産業に占める運輸部門の排出量の比重は高く、その中でも船舶や鉄道に比べ、トラックによる排出割合が際立って高くなっている。それへの対処として、例えば「モーダルシフト」という物流手段間の連携によるリレー方式が貢献すると期待されている。実際、トラックとフェリーを使ってモーダルシフトを組み、CO_2の排出削減とドライバーの労働時間抑制に成功するケースも出てきている。

また、環境への配慮を重視して、燃費の良いトラックや電気自動車、あるいは電気推進船等も開発されている。現在、水素をエネルギー源とする物流手段の開発も積極的に進められていて、今後、この先進的な仕様が普及することにより、環境への負荷が大幅に軽減されることになる。

さらに、以前から取り組まれてきた省エネルギー対策も本格化している。例えば、物流企業は、輸送における共同化、積載効率の向上、物流センター内の高効率空調やＬＥＤ照明の設置、太陽光、風力、地熱などの再生可能エネルギーの有効活用等によって省エネルギー化を進め、同時にCO_2の排出を削減している。

その他、伝統的なアプローチである「大型化」による輸送効率の向上によって、CO_2の排出を削減しようとする試みもある。例えば、「ダブル連結トラック」という一人のドライバーの運転により、従来の約2倍の荷物を運ぶことができる仕組みや「ＲＯＲＯ船」というトラックやトレーラーを多数格納できる船舶の活用によって高効率輸送を実現している。これらの取り組みは、貨物輸送の効率化に資するだけでなく、人手不足の解消やCO_2の排出削減にも貢献するのである。

†ＡＩ化と自動運転

産業界におけるＡＩの活用は多岐にわたるが、物流業界では、例えば物流機器のセンサーデータを使用して、機器の異常を知らせる予知保全が挙げられる。

これは、主に機器のモニタリングに使用されるものだが、人間に対しても活用例が出てきている。日本のトラックドライバーは高齢化が進行していて、全産業平均より4歳高い47歳である。高齢化するほど疲労しやすく、ヒューマンエラーも起こりやすくなる。疲労が蓄積すると起こりうるのが、居眠り運転である。長距離輸送の大型トラックのドライバーが疲労で居眠り運転を始めると、大惨事にもなりかねない。

それを監視するのが、ＡＩであり、通信型車載カメラである。これは、ＡＩがドライバーの異常を映像から検知すると、ドライバーに危険を呼びかけるシステムである。このＡＩドライバー監視システムにより、運転に伴う事故リスクを大幅に削減させることができるのである。

次に取り上げたいのが、自動運転技術だ。トラックドライバーが事故を起こしやすいのは、生身の人間だからだ。人間には、いわゆる「肉体的限界」があり、疲れやすく、機械のように長時間にわたって均一の作業を続けられない。このような人間の限界を突破してくれるのが「自動運転」である。

高度なＡＩを組み込んだ自動運転車は、ＬｉＤＡＲセンサー（レーザー画像検出と距離測定）と高画質カメラで周囲の状況を分析し、それを駆動部分に伝えて、自動走行を可能にする。これは、完全なオートパイロットの「ロボット」なので、人間固有のヒューマンエラーを除去し、荷物配送の安全性を向上させ、なおかつ１年３６５日、１日24時間の長時間労働も厭わず、極めて効率的である。

現状、公道ではまだ自動走行レベル３の段階なので、クリアしなければならないハードル（複雑な道路事情、突発的な災害、ハッキング等）も高いが、今後一層深刻化すると思われるドライバー不足と人件費高騰等に対処するためにも、AIを有効活用した車両の自動化は不可避といえるだろう。

†インフラ崩壊とBPC強化

自然災害多発国家の日本では、歴史上幾度も地震や台風（強風、豪雨）によってライフラインが寸断され、物流機能が麻痺している。近年でも、阪神淡路大震災（1995年）、新潟中越地震（2004年）が起こり、その後には未曽有の被害を生んだ東日本大震災（11年）、熊本地震（16年）などが起こっている。

大震災が起こると、サプライチェーンが分断され、社会は混迷をきたす。わずか1本しかない供給ルートが寸断されてしまえば、モノは届かなくなってしまうのである。このような事態を回避するため、企業や地域社会は単一の供給ルートに依存せず、ルートの分散化を図るようになってきた。震災後、被災地への医薬品・食料品などの緊急物資の支援および被災状況の把握のためにドローンの有効活用が唱えられ、実践に移された。陸上や海上のルートの代替として、空中ルートへの分散化が図られたのである。

物流企業でいえば、複数のサプライヤーと取引関係を持ったり、物流拠点を分散化したりすることが重視された。ストックポイントや物流手段等を多様化することは一見すると、無駄なことのように思われる。だが、確率的に災害の多発する地帯では、リスク分散とモノの安定供給のために不可欠な取り組みといえる。

また、大震災後には、通信が不通になる事態が起きやすい。この結果、荷物を載せた物流手段の動きが不明になることが多々ある。これらに対処するため、物流業界では、通信障害を起こしにくい衛星電話の導入・活用が進んだ。これにより、リアルタイムでの情報共有が可能になり、物流状況、在庫情報、災害時のルート制約などの情報を共有し、さらに情報の「見える化」を図ることによって迅速な対応が可能になってきた。

さらに、商品を備蓄しておく物流センターの見直しも行われている。これは、建屋の耐震性の向上、津波や河川の氾濫による水害の程度を考慮した地盤のかさ上げ、災害時に使用できる非常用電源の完備などである。

度重なる震災の後に、多くの企業が、リスクマネジメントの重要性を再確認した。物流企業も万が一のリスクに備えるため、独自の災害対策計画（BCP：Business Continuity Plan）や災害対策マニュアルの策定に取り組み今日に至っている。

†グローバル・サプライチェーンとリスク対応

突発的な災厄は、自然災害だけではない。新型コロナウイルス感染症（COVID-19）は2019年から、またロシア・ウクライナ戦争は22年から災厄を全世界レベルで広め、物流業界にも大きなダメージを与えた。

前者は、感染拡大のリスクから外出制限やソーシャル・ディスタンスの確保が要請され、アマゾン、楽天のようなECでのオンライン購買が激増した。また、食料品購買もままならない巣ごもり消費者が増えることで、ウーバーイーツのような料理宅配プラットフォームが多頻度に利用されるようになった。この結果、物流業界ではドライバー不足や配達遅延などの問題がクローズアップされるようになり、人材面ではギグワーカー（単発の請負労働者）が積極活用されるようになった。

また、22年2月に勃発したロシア・ウクライナ戦争は、物流業界に広範にわたる悪影響を及ぼし、グローバル・サプライチェーンの脆弱さを露呈した。戦争により、その周辺地域では当然のことながら、輸送制限が発生した。黒海穀物協定の延長を渋るロシアによって、黒海を通じたウクライナ穀物の輸送は急減し、同年10月に約420万トンだった穀物輸出量が翌23年6月にはわずか約200万トンまで減少している。ロシアによる輸送船の航行阻止によりグローバル・サプライチェーンが途絶してしまったのである。

この供給制限により、穀物価格だけでなくエネルギー価格の高騰も起こっている。大産油国のロシアに対して西側諸国が経済制裁を行った結果、報復として原油や天然ガスの放出を制限し、エネルギー価格全般が高騰してしまったのである。これは、軽油や電力を動力源とする物流業界に大きな痛手を与えるものだった。ＪＥＴＲＯが22年9月に行った「ロシア・ウクライナ情勢下における在欧日系企業アンケート調査結果」によると、この戦争のマイナスの影響として「エネルギー価格の上昇」と「原材料・資源価格の上昇」が極めて高い値をとった。

グローバル・サプライチェーンは、いつ、どこで、どんな危機に瀕するかわからない。現代物流は、このような不確実性を常に念頭に置いて可能な限りのリスク対応を心がけておかねばならないのである。

第二章

変貌する流通の現在

1　鋭い消費者の台頭とAI物流

序章で述べた通り現在の物流は、宅配便の個数の激増に端的に示されるように小口多頻度な配送が盛んである。これは、ＥＣの発展による利便性の向上ということもあるが、もともと日本の消費者の価値観の多様化・個性化に起因するものといえる。つまり、消費者の本源的ニーズに根差したものなので、容易に逆戻りしえないものなのだ。

この結果として、輸送効率を損なう積載率の低止まり（平均でトラック1台当たりの積載率は4割を切っており、6割強が空きスペース）やドライバー不足が起こっている。これらの問題を解決するため、下記のようなＡＩ技術を駆使したＡＩ物流に、物流業界は望みをたくし、メタモルフォーゼを遂げつつある。

†ＡＩによるルートの最適化

ＡＩはChatGPTのおかげで一般人にも普及しているが、物流業界では大量の荷物を取扱っているので、それを効率的に配送するため、ＡＩを活用して複雑な配送ルートの最適化が不可欠の課題となっている。これを上手く生かせるかどうかで、コスト水準は大きく変動し、それは利益に跳ね返る。ＥＣ大手のアマゾンは、配送業務の委託者向けにＡＩ搭載のアプリを提供している。いわゆる「アマゾンＡＩ」と呼ばれるもので、２０２１年頃から稼働を始め、最適なルートや荷物量を提示するシステムである。アマゾンの場合、置き配率が約75％（22年12月時点）と高いので、再配達の問題はほぼないが、他の宅配便業者の場合、再配達率が11％を超えており、それを考慮に入れると極めて複雑な最適化計算が必要になる。

ＡＩは地理情報システム（ＧＩＳ：Geographic Information System）と組み合わせて、交

通状況、道路制限、配達先の優先順位などの要因を考慮して最適な輸送経路を算出することができる。場合によっては、事前の計画だけでなく、リアルタイムにデータを解析し、輸送途上でのルート変更や遅延の際の代替経路を提案することもできる。

実例をみてみよう。日本には5万5742軒（23年6月時点、JFA会員企業「JFAコンビニエンスストア統計調査月報」）もの非常に多くのコンビニエンスストアがある。この業態はフランチャイズ制を取っており、商品を仕入れる本部（フランチャイザー）と販売に特化した加盟店（フランチャイジー）から構成される。本部の機能は原則、卸売であり、川上から集中仕入れした商品を加盟店に適宜配送することにある。分散的に立地する多数の加盟店を前にして、商品をどのように届ければ効率的か、という課題が常につきまとっているのだ。大手のセブンイレブンやローソンでは、AIを中心に据えた配送ルートの最適化に着手しており、この結果、賞味期限の短い日配品の配送をそれぞれ1日4回から3回へ、同3回から2回へと削減できた。また、ファミリーマートは、独自開発のAIシステムを駆使して、日配品の配送を行っており、これにより従来の配送ルート数が約10％減少したという。

配送ルートの最適化システムに関しては市販のものが数多く提供されており、ローソンはオプティマインド社（名古屋大学発スタートアップ企業）のものを使用している。同社は「Loogia」というかなり詳細な条件を組み込めるクラウドサービスを提供しており、配送ルートを最適化し、コスト削減を可能にしている。

また、OKIは、「LocoMoses」というAI配送計画最適化サービスを提供し、これまで熟練者しかできなかった高効率の配送計画（配車、配送ルート等）の立案を非熟練者でも実行できるようにした。同社リリースによると、車両15台、配送先50か所で実験したところ、燃料費や有料道路代を含めて年間コストが半減したという。

以上のように、AIを有効活用することで、荷物の効率的な輸送が実現し、運送にかかるコストや時間が削減できる。また、輸送効率が高まれば、自動的にCO_2の排出量を減少させることができ、カーボンニュートラルにも貢献できる。上記、ファミリーマートでは独自のAI物流が全店に拡大すれば、年間で輸送費を10億円以上カットでき、CO_2排出量を1300トンも削減できるという。

「物流の2024年問題」で指摘された「運賃高騰」や「配送遅延」の問題だけでなく、環境問題もAI物流によって緩和されたり、解消されたりする可能性が高い。

†在庫管理業務の省力化

物流に限らず、ビジネスにおいて需要および供給の予測、そして在庫管理業務は極めて重要な課題である。在庫は「コスト」に直結し、今日ではバックヤードになるべく荷物を滞留させないことが望ましいとされる。そのために効率的な在庫管理にＡＩの果たす役割は大きい。

ＡＩはビッグデータの処理に長け、人間のような感情や直感的判断が入り込まないので、データに基づいた冷静な指針を迅速にアウトプットしてくれる。例えば、ＬＩＸＩＬでは、ハウジングテクノロジー事業において製品が約２３０万種類もあるため、個々の製品を人力で需要予測をすることはほぼ不可能だった。ところが、ＰｗＣコンサルティングのＡＩ需要予測システムＭＤＦ（Multidimensional Demand Forecasting）を導入することによって２３０万種すべての予測が可能となっている。

実際、ＡＩは、企業が保有する経営成果データ、時期（季節や天候）の変動、マーケットトレンドなどを変数に組み込み、包括的に将来の需要や供給の予測を行うことができる。この予測に基づいて、物流業者は適正な在庫レベルをコントロールし、過剰な在庫を抑制し、在庫コストを最小限に抑えることができる。無論、突発的な需要の変動にも迅速に対応することができ、品切れや売れ残りのリスクも最小化できるのだ。

ワークマンは従来、過去の販売実績、天候、地域イベントなどを勘案して、人が需要予測を行っていた。しかし2021年から日立製作所が開発した自動発注システムを導入し、AIが諸条件をパラメータ化して需要予測を行い、それに基づいて自動発注できるようにした。この結果、それまで数十分かかっていた発注時間が数分に短縮されたという。

小売店の商品補充でAIが有効活用される事例がみられる。それはNECが開発した商品棚のフェース管理をAIに任せるもので、商品棚の映像を撮影して空きスペースを検知すると、ショートメッセージで店員に知らせるシステムである。これにより店側は、商品の売れ行き動向を把握できると同時に、多頻度の棚チェック作業をなくし、迅速な商品補充によって機会損失を防ぐことができる。あるスーパーでは、これにより商品チェックや品出し時間を月40時間も合理化できたという。

また、AIを利用した在庫管理システムにおいて興味深い取り組みがみられる。23年8月、そごう・西武は、Ridgelinezが開発した在庫管理システムを活用することで、在庫の単品管理が可能な仕組みを構築している。これは、在庫管理に画像認識AIを組み込んだもので、これまでのようなバーコードを必要としない極めて画期的なものである。22年1月から実施された実証実験の結果、発注、検品、納品などの作業時間が実に33％も削減できたという。

物流業界は今後、さらなるドライバー不足に陥り、優良なドライバーを確保・維持するため、恐らく賃金を引き上げねばならない状況に直面する。それゆえ、物流企業は、増大する人件費負担を軽減するために、在庫コスト圧縮のためのＡＩ導入は不可欠の課題となるだろう。

†危険を避ける予知保全

物流は高重量の荷物を運搬するのが仕事であるため、その手段としての車両や船舶等の不具合や故障は避けられない難題である。ＡＩによる予知保全技術はこれを最小限に抑える方法として重要視される。

実際、ＡＩはトラックや車両のセンサーデータや機械学習アルゴリズムを使用して、機器の摩耗や劣化を予測することができる。加えて、過去のメンテナンス履歴や環境諸条件を考慮に入れて、最適なメンテナンススケジュールを立案することが可能だ。例えば、プリテクト（Preteckt）社は、ＡＩと高度なセンサーを利用して、トラックをはじめとする配送車両の修理やメンテナンスの必要性を正確に予測できる。また、米国のオートボン（Autobon）社は、セキュリティーシステム「カーゴカム（Cargo Cam）」を運営し、トラック内部の積み荷をモニタリングして、セキュリティー、配達状況、在庫水準等に関して、運行管理者にリアルタイムで伝えている。

このような予知保全システムにより、運送会社は、計画的なメンテナンスが可能になり、突然の故障による輸送の中断を回避することができる。

トラックドライバーは、稼ぎの源・生活の源がトラックという移動手段であり、正真正銘それに命を預けている。機器の不具合は、荷物の到着を遅延させたり、事故を引き起こして命に関わったりする致命的な問題を引き起こす。ＡＩによる予知保全は、時間厳守が必須で、安全・安心な輸送を求められる物流業界において極めて有意義な手段といえよう。

このシステムは、機器や荷物だけでなく、人間のモニタリングにも活用されている。トラックドライバーは序章でみた通り、高齢化が進行している。彼ら／彼女らの平均年齢は47歳であり、全産業平均より4歳も高く、60歳以上も約2割を占めている。高齢になると疲労しやすく、とりわけ長時間運転では過労により痛ましい事故を招来する可能性が高まる。

自動運転車の開発も活発だが、トラックのそれは実用段階の入り口に立ったところで、いまだ人間のドライバーがほとんどの運転をこなしている。人間の運転では、疲労の蓄積によって起こるのが、居眠り運転である。10トン以上の大型トラックがドライバーの居眠りでダッチロールを始めると、悲惨な大事故を引き起こしかねない。

そこで、有効性を発揮するのが、AIを活用した通信型車載カメラである。AIがドライバーの居眠りの兆候を映像から検知すると、ドライバーに危険を呼びかけることができる。この監視システムにより、運転に伴う重大リスクを大幅に減少させることができるのだ。実際、NTTコミュニケーションズ（ドコモビジネス）のAI搭載通信型ドライブレコーダーの「LINKEETH」は、ドライバーの危険運転を感知すると、その前後の映像をクラウド上にアップロードし、リアルタイムで運行管理者に通知する。それゆえ、重大事故を未然に防ぐことができるのだ。このシステムは、単なる運転診断と異なり、運転者の日常運転の癖にまで照らして判定するため、根本から危険を回避できるという。

†多様なトラッキングシステム

ユーザーにとって荷物の追跡システムは便利であり、安心の源ともいえる。宅急便を開発したヤマト運輸は、1980年時点でNEKO－POSというバーコードの読み取り機のついたPOSシステムを全営業所に配備していた。これにより荷物が引き受け窓口や営業所を通過するたびにその情報がサーバーに蓄積され、ユーザーはネットを通じて荷物の位置と到着日を追跡できるのである。

このようなトラッキングシステムにAIを組み合わせると、さらなる利便性や安心・安全を実現できる。現在のAIとセンサーテクノロジーを組み合わせたトラッキングシステムは、荷物のリアルタイムの位置情報や状態を把握できる。例えば、米国のメイブン・マシンズ（Maven Machines）社はトラック輸送業務の自動化を目指し、クラウドベースのプラットフォーム上でリアルタイムのトラック位置の追跡、到着予定時刻のアラート通知、さらには積載可能容量を満たしていないトラックの配車管理までを行っている。

無論、現代のトラッキングシステムでは、トラック運行のリアルタイム追跡だけでなく、センサーを活用して温度、湿度、振動などをモニタリングして、荷物が適切な状態で配送されているかまで確認できる。例えば、アリオン株式会社が提供するコールドチェーン支援ソリューション「Easy Tracking」は、クラウド型管理プラットフォームの使用により、運行中の製品の品質保持のため、「適正な温度・湿度の管理」および「輸送時の追跡・報告」などをリアルタイムに行っている。より具体的には、このシステムでは、①モニタリングされたデータを運行管理者と同期し逐次、現場の状況を確認することができ、②異常事態発生時には迅速に自動でアラートメッセージを送信し、③温度情報や輸送ルートのスケジュールなどの状態を可視化できるという。

以上のようなシステムにより、荷物の所在と品質をきちんと管理することができ、ユーザーの問い合わせにも即応できるのである。

2　顧客体験価値欲求の高まりとオムニチャネル

購買過程で顧客体験価値（Customer Experience Value）が重視される時代になってきた。顧客体験価値とは、顧客が商品やサービスの購入・利用に関わる全プロセスで獲得する満足感を意味する。より具体的には、顧客が商品やサービスに対して、認知・発見、検索・

比較、購入、消費・使用、顧客サポートなどの複数のステージで抱く評価のことである。

この複数のステージは、カスタマージャーニー（Customer Journey）過程と言い換えることもできる。カスタマージャーニーは、顧客があたかも旅行のように商品を認知する段階から、消費やアフターケアを受けるまでの全プロセスで、経験し、抱いた感情を意味する。企業は、顧客のカスタマージャーニーを分析することで、顧客がどの段階でどのような選択肢を検討し、どのような評価を下して行動したのかを把握する。そして、その結果に基づいて、適切なタッチポイントでの対応や改善策を立案し、顧客体験価値を向上させるための戦略を実行することができるようになる。

以下では、顧客のカスタマージャーニーの過程をたどりながら、各タッチポイントで物流がどう機能し、最新の物流施策がどう顧客のイメージアップに貢献しているのかを明らかにしていきたい。

†認知・発見ステージ

顧客の認知や関心の醸成に、物流はあまり関わっていないように思われる。というのは、物流とは読んで字のごとく物を運ぶ行為だからだ。どちらかというと本業が物の「移転」

を下支えする地味な仕事なので、一般人に認知される機会は少なく、テレビやネットで騒がれる有名企業の商品やサービスのように興味関心を持たれることはほとんどないといえる。

とはいえ、このステージでまったく顧客との接点がないのかといえば、そうでもない。東京や大阪などの大都市圏では、繁華街でトラックの荷台部分に巨大で派手なラッピングを施し、大きな拡声器音を発するトラックが跋扈している。音楽グループのイベントやキャバクラ、ホストクラブの宣伝がメインだが、地方自治体や政党といったお堅いところの告知まで行われることがある。

これらは「アドトラック」といい、広告宣伝のために特別に仕立てられた車両である。大型トラックの荷台の壁面に広告を掲示して人通りの多い繁華街の道路を走行することで宣伝効果を狙うものだ。このアドトラックは普通のトラックを改造して作られ、電飾をあしらい、広告を光らせることで宣伝効果を高めるものもある。近年、この種の宣伝行為に、風紀の乱れの助長、景観の悪化、騒音公害などのクレームがあるので、首都圏（東京、埼玉、神奈川、千葉）では統一ルールの策定が呼びかけられている。

長々書いてきたが、実は、この「アドトラック」は、物流とは関わりがない。なぜなら、これはトラックでこそありながらも、荷物を運ぶことを業としていないからだ。

顧客の認知や発見の段階でかかわる物流は、「ラッピングトラック」の方である。これも、トラックの荷台部分を広告に利用するもので、その平面に特殊なフィルムを使って広告を張り付かせており、外観的には「アドトラック」と同じである。ただし、こちらは荷台に荷物を積載しており、モノの移転が本業だ。

一説には、1日100キロ移動するラッピングトラックの場合、年間で1000万人超の人に見られるという。日本のトラックの場合、ノーラッピング車両が多いので、ラッピング車両は目立つ存在で、SNSを通じて目撃者から口コミを拡散してもらう効果も期待できる。

ラッピングによる広告宣伝は、極めて広告コスパが高い。なぜなら本業はあくまで物流業務であり、広告宣伝は「余禄」でしかないからだ。この取り組みに対するコストは、ラッピング代を除けばほとんどかからないのである。つまり、関心度や好感度の高いラッピングを施すことができれば、顧客の認知や発見・関心の醸成に、トラック物流も大いに関わることができるのだ。

†検索・比較のステージ――二つの検索パターン

潜在顧客が新たな商品を認知し、それに関心を持った場合、その次は検索行動に移行する。顧客の検索行動には、大まかに二つのパターンが観察されている。まず、ショールーミングというパターンである。これは、一般的に家電量販店などの専門店でよく見られる現象で、顧客はまず実際の商品を店舗で目にし、店員の説明を受け、実際に試してみたりして、商品の質や特徴を五感で体感する。しかし、この店で商品を購入せず、カフェや自宅へ戻ってからスマートフォンやパソコンを使って、ネット上で商品を検索し、価格比較や口コミ評価などの詳細な情報収集を行い、そこで購入決定するという流れだ。つまり、実店舗は商品を購入する場ではなく、体験の場として使われるショールームなので、この行為を「ショールーミング」と呼ぶ。

これに対して、「ウェブルーミング」という別の検索行動パターンも存在する。これは、顧客がまずインターネット上で商品情報を収集し、比較考量した後に実店舗におもむいて購入するパターンだ。これはショールーミングとは逆のアプローチであり、興味深いことに近年の調査では、このウェブルーミングのパターンを選ぶ顧客の割合がショールーミングより高いことが示されている。これは、現代の顧客が商品を購入する際に、必ず事前にネット情報を収集するからであろう。

とりわけ昨今、探索技術はＡＩの導入により格段に進歩し、加えてＳＮＳの口コミに基づく推奨システムの充実も加わって、顧客は目的の商品に容易に到達できるようになっている。これを利用すれば、実店舗小売とは比べものにならないほど短時間に必要な商品にアクセスすることが可能である。検索コストに関して、オンライン検索の方が電話やメールを使う旧来型の検索よりもずっと低いことが明らかになっている（Honka, E. [2014], "Quantifying search and switching costs in the U.S. auto insurance industry," *The Rand Journal of Economics*, 45 (4), 847-84.）。

時空間を問わず気軽に検索できるオンライン検索は、顧客の対人面のストレスも少なく、購買に対する抵抗感を排除してくれるといえる。

†多様な品揃えの比較検討

顧客の商品選択は当然のことながら、商品自体の可用性や品揃えに大きな影響を受ける。幅広い品揃えが用意されていると、顧客は安堵感と充実感を抱き、スムーズに購買過程に入ることができる。それゆえ、このステージでの顧客体験価値の醸成において、ＥＣは特に重要な役割を果たしているといえる。

ＥＣでは、実店舗の店舗面積のような制約がないため、事実上、無尽蔵の品揃えができる。米国で１か月に20億人以上が訪れる著名なアマゾンはまさにその典型で、同社のマーケットプレイスでは２０２３年３月に米国だけで６億点以上の商品種を扱っており、そのうち１２００万点はアマゾン自身が提供している（AMZScout Product Database）。このＥＣサイトを訪問すれば、必要なモノがほぼ揃うという信頼感を顧客は抱いている。

このような顧客の信頼感を支えているのが、在庫管理である。ＥＣ事業者は一般に、商品の集中在庫を行い、実店舗のように分散的な店舗在庫（店頭在庫、バックヤード在庫）を持つ必要がない。それにより、コスト負担が軽減されると同時に、多様な商品を効率的に提供できるのである。

アマゾンのフルフィルメントセンター（単なる在庫管理だけでなく、受注、梱包、発送、決済、そしてクレーム処理等まですべての物流管理業務を行っている物流センター）では棚移動型ロボット「ＫＩＶＡ」が稼働している。これは、作業員が待つピッキングエリアまでポッドという商品棚を自律的に運んできてくれる便利なロボットなので、作業員は多様な商品種を前にしても、手間と時間のかかる移動が不要となり、効率的な物流業務が可能となっている。

✝ネックではなくなるリードタイム

商品の入手可能時期は、顧客の満足度や売上に直結する非常に重要な要素である。言うまでもなく、顧客が特定の商品のニーズを抱いた時に、それを即座に手に入れられることが最も望ましい。その点で、優位性があるのはやはり実店舗である。例えば、冷たいスポーツドリンクやホットな弁当などは、近所のコンビニエンスストアへ行けばすぐに入手できる。

ところが、ECでは、顧客がニーズを抱いた直後に、希望の商品を入手することはできない。なぜなら、商品の在庫地点と顧客の入手希望地点との間に地理的なギャップが存在するからである。ECはあくまでバーチャル店舗であり、実店舗のような店内在庫を保持していないので、不可避的にリードタイム（商品の注文から受け取りまでの待ち時間）と配送料が必要になる。これがEC以前の通販業者の多くが淘汰された理由の二つとされる。

しかしながら近年、ECの物流革新によって、高速物流が可能となってきた。例えば、アマゾンは「プライムナウ」を導入し、最短1時間での商品到着を実現している。さらに、「アマゾンフレックス（Amazon FLEX）」では、正規社員ではない個人による配送を活用して、空き時間を利用して配送業務を行うことで、リードタイムを30分にまで短縮している。これはシェアリングエコノミーの概念を応用した取り組みであり、一般人の労働力やリソースを有効活用することで、物流の効率化が図られているのである。

こうした取り組みによって、ＥＣは従来の制約を克服し、高速物流を実現し、顧客に荷物待ちのストレスを極力感じさせない体制を築いている。

さらなるリードタイムの短縮化を実現するものが「自動発注」である。

ＡＩによる自動発注が普及しつつある。ＩｏＴ（Internet of Things）によって「モノのインターネット化」が進行し、ＡＤＲＳ（Amazon Dash Replenishment Service）を組み込んだ商品が増加することによって、自動発注、自動出荷が一般に普及しつつある。これにより、例えば、ＡＩが冷蔵庫内の在庫のチェックをして、足りない商品の指示、好み、体質を考えたメニュー提案をするようになる。さらに高度化すると、提案だけでなく自動発注・自動物流を行うようになる。これにより、顧客は面倒な日常的買い物の束縛から解放され、商品の到着日をほとんど気にしないストレスフリーな生活を送れるようになる。

また、需要予測に基づく自動発注に関しては、非常に興味深い取り組みがみられる。なんとアマゾンでは、「客が注文する前に出荷するシステム」の特許を取得している（2013年末）。つまり、誰も注文を出していないにもかかわらず、商品が自然に届くのだ。それは、「Method and System For Anticipatory Package Shipping」（予測商品配送のための手法とシステム）というものである。

これは、個人の購買パターンから顧客が次に望むであろう商品を予測し、出荷時には宛先を完全には指定せずに該当エリアに出荷し、配送途上で正確な配送先を確定するというものである。このような予想配送システムには当然、こんな疑問が湧くだろう。「注文もされていないのに配達してしまって、顧客がいらないといったらどうするのか」、と。その際には回収するが、返送コストの方が高くつく場合には、プレゼントすることもあるという。

この奇想ともいえる物流システムは、警察の犯罪の事前予知システムを応用したものである。米国では、このシステムにより検挙率が50％上昇、犯罪率は20％減少しているという。まさに、トム・クルーズ主演映画『マイノリティ・リポート』の世界だ。

†満足いく価格水準にするには

言うまでもなく、商品価格は、購買決定を下す際の極めて重要な要件である。とりわけ、諸物価高騰の折にはなおさらだ。奢侈品のような一部の例外を除き、品質水準が同じならば、顧客はなるべく安いものを選択しようとする。

ただし、プライスタグに付いている値段だけで負担の高低を判断することはできない。実店舗には、移動コスト（店舗へのアクセスのための費用）、労働コスト（手荷物の運搬費用）、精神コスト（店内探索、欠品などのストレス費用）などがかかり、ECでも配送料や待ち時間のストレスなどが別途かかっているからである。顧客は商品の価格（入手コスト）に関して自然に、このような「トータルの買い物コスト」で判断しているのである。

商品検索の結果、明らかに「トータルの買い物コスト」が低い商品を発見できると、嬉しくなるものだ。このような良好な顧客体験価値を生み出しているのが、主に次のような物流システムである。

三井不動産ロジスティクスパークでは、先端的な省人化に取り組んでいる。ここのピッキングステーションでは、フランス企業エグゾテック・ソリューションズ・サス（Exotec

Solutions SAS）が提供する倉庫自動化ソリューション・システム「Skypod」の利用により ロボットが商品を搬送し、作業員はモニター画面を見ているだけでピッキング作業を行うことができる。このシステム導入の結果、2023年3月現在、同社比で倉庫内作業の人件費が約2割削減できたという。企業運営にかかる経費のうち、人件費は大きなウェイトを占めるので、このような省人化は、商品価格の低減にも寄与すると思われる。

低コスト化を図るならば、サプライチェーンのトータルとしての効率化も考えねばならない。というのは、流通加工を一切必要としない在庫に関しては、なるべくなら取引相手に押し付けたいのが人情だからだ。だが、自社の在庫コストを低減したいがために、余分な在庫を取引相手に押し付ける方策をとっても、トータルとしての在庫量は変わらず、結局、低コスト化は実現できず、最終価格は安くならない。

流通プロセス全体の合理化を実現するためには、単一の企業だけでなく、ビジネスパートナーとの協力と連携が不可欠である。サプライチェーンに関与する事業者同士がデータを同期化し、高度な需要予測に基づいたジャストインタイム物流を実現することが望ましい。これにより、理論的には「無在庫」、「在庫コスト0円」状態すら実現することができる。

ところで、物流センターは大きく三つに分類される。ディストリビューションセンター、トランスファーセンター、プロセスディストリビューションセンターである。このうち、ディストリビューションセンターは、受注に合わせてピッキングや出荷を行うための在庫の保管施設であり、最も典型的な在庫倉庫である。プロセスディストリビューションセンターは、このディストリビューションセンターに、箱詰めや値札貼りなどの流通加工を加えた施設である。これら二つの施設は、荷物の保管を行うが、トランスファーセンター（TC）はそれを行わず、中継地点で仕分けを行った後すぐに出荷する。つまり、保管する在庫コストがかからないのである。あくまでリレーの通過点であり、次の走者にクロスドッキング（バトンを受け渡し）する場所である。

もちろん、物流センターには上記のような機能の相違、役割分担があるので、そのすべてがTCに変化するわけはないが、残業時間に上限が設けられる「物流の2024年問題」への対処からこの種のセンターの重要性が高まることは確実である。ネクスト・ロジスティクス・ジャパン（NEXT Logistics Japan：日野自動車、アサヒグループ、日清食品、ブリヂストン、鴻池運輸など20社による出資）は、クロスドッグセンターを相模原市と西宮市に構えているが、それぞれの中間地点（豊田市と浜松市）で運転手がトラックを乗り換え、元へと引き返す。これにより、荷物は目的地へ向かって進行していくが、各ドライバーは元の場所へ戻ることができ、なおかつ一方通行の長距離配送ではないので、帰りの空荷のムダもなくなる。積載率の高いトラックがスイッチバック・リレーをすることで、輸送効率を高め、ドライバーも長時間の拘束から解放されるのである。

また、中央鋼材株式会社と丸吉ロジ株式会社らは、従来、千葉県から宮城県まで鉄鋼材・鋼材加工品輸送を各個別でトラック輸送をしていた。これをクロスドッキング方式に切り替えることによって、ドライバーの運転時間を26・7%削減できたという(国土交通省「物流総合効率化法の認定状況」23年3月)。

ムリなく在庫費用や人件費のカットがなされ、それが商品価格に適切に反映されれば、顧客は間違いなく満足感を得ることができる。

†購買ステージ

購買がなされた後は、商品がいつ手元に届くかが重要なポイントになる。実店舗の場合は、家具・寝具のような大型商品を除けば、購入と同時に商品を手にすることができる。しかし、ECの場合は、一定のリードタイムがあり、なおかつ企業によって受け取り方法に制約があって、そこにストレスの発生源がある。顧客はそれぞれ多様な環境に取り巻かれ、多様な事情を抱えているので、なるべく柔軟性のある自由度のきく商品入手方法の設定が、顧客体験価値を高めることになる。その面で、実店舗とＥＣは代替関係でなく、補完関係を保つことが不可欠である。

†オムニチャネル

以前、高度情報化社会の下でＥＣの比重が高まることによって、いずれ実店舗は席巻されてしまうという論調があった。しかし、現代ではその種の実店舗淘汰論は姿を消し、かえって実店舗のレゾン・デートルが高まってきているように思う。

実店舗とＥＣにはそれぞれ一長一短があり、互いに食い合う競合関係にあるだけではなく、相互に補完し合う関係にもある。例えば、即時入手だったら実店舗、豊富な品揃えだったらＥＣといったような、それぞれの機能の相違に基づく棲み分けができてきている。リアル（実店舗）とバーチャル（ＥＣ）は共存し、それの有機的結合によって顧客はシナジー的な利便性を享受できる。

この結合のアプローチが、「オムニチャネル」または「ＯＭＯ（Online Merges with

Offline)」と呼ばれるものである。これらは基本的に同じ意味なので、以下では「オムニチャネル」に統一して論ずる。

「オムニ」とは、元々小説のオムニバス形式に由来し、独立した物語を紡ぎながらも最終的に統一されたストーリーへと収束する概念である。「オムニチャネル」は、ネット（EC）とリアル（実店舗）の両方を柔軟に統合することを意味し、その一つに筆者が「上方二階建てシステム」と呼ぶ展開スタイルがある。

このスタイルでは、実店舗小売業が基盤となり、その販売にベースを置きながら、その「上方（仮想空間）」にネット通販のビジネスを追加していくものである。これは、次に述べるEC基盤企業による実店舗の構築に比べずっと低コストですみ、より容易にオムニチャネルを展開することが可能だ。

オムニチャネルの実践的な方法には、「クリック・アンド・コレクト」と呼ばれるものがある。これは、顧客がECで商品を注文した後に、コンビニエンスストアやスーパーのような実店舗、あるいはドライブスルーや宅配ボックスなど自宅以外の場所で受け取る仕組みだ。商品到着時の留守番が不要であり、待機ストレスが生じない方式だ。また例えば、コンビニでの商品受け取りはプライバシー性を保つ面でも有意義である。家族や他人に知られたくない商品を購入する場合や、通販利用を秘密にしたい場合に、「ネット注文─コンビニ受け取り」というシステムはプライバシー保護の有力な手段となる。さらに、このシステムではECで注文したにもかかわらず、配送料や手数料がかからず、受け取り場所での返品や返金も可能である。

事業者の視点でもこのシステムは有益だ。実店舗での受け取りによって店内での新たな購買が発生したり、宅配業者による再配達の必要がなくなるため、配送コストの低下に寄与したりする。再配達率が11%以上にものぼるわが国では、無駄なコストを削減できる極めて重要な取り組みといえる。

日本の有名総合スーパーであるイオンは、ECと実店舗を統合する一環として「AEON.com（イオンドットコム）」を展開している。このプラットフォームでは、オンラインで注文した商品を実店舗内の専用ロッカーやドライブスルーで受け取ることができる。さらに、店内に在庫のない商品を迅速に入手できるようタブレット端末からオンラインで購入可能な「タッチゲット」というコーナーも設置している。

オムニチャネルのもう一つのスタイルとして、筆者が「下方二階建てシステム」と呼ぶものがある。これは、EC事業で成功した企業が、後に実店舗小売業にも進出するという形態だ。つまり、ＥＣ事業を基盤としながら「下方」の実店舗展開を行うものである。

このアプローチをとる典型企業が、アマゾンである。アマゾンは、ＥＣで大躍進し、ボーダーズ（書店小売）やトイザらス（玩具小売）などの大型店の経営を脅かし、実店舗小売業に多大なダメージを与えてきた。しかし、アマゾンは、ＥＣだけで小売業界を席巻するのは不可能であることも知っていた。実店舗にはＥＣにない「五感確認」や「即時性」という顧客体験価値があったからである。特に鮮度が命の生鮮食品では、顧客が直接商品に接して五感を通じて評価することが欠かせない。

それゆえ、顧客の包括的ニーズを満たすため、実店舗へと踏み出したのである。とはいえ、アマゾンの実店舗展開は意外なほど早く、２０１５年11月に書店の「アマゾンブックス」をシアトルに開業している。また、17年3月には、プライム会員向けのスーパーマーケット「アマゾンフレッシュ・ピックアップ」をやはりシアトルで開業した。このスーパーマーケットでは、顧客はスマートフォンを通じて食料品や日用品を注文し、予約した時間に店舗に取りに行くというスタイルを取っていた。

ただし、「アマゾンフレッシュ・ピックアップ」は実店舗ではあるものの、いわゆる「倉庫」スタイルで、その実態は顧客が店内を回遊できない「ダークストア」であった。

つまり、「クリック・アンド・コレクト専用店舗」であったといえる。

アマゾンの本格的な「下方」展開は、17年8月のホールフーズマーケットの買収からである。同社は、137億ドルという巨費を投じて有機生鮮食品中心の高級スーパーを手に入れた。この買収により、同社は400か所以上の実店舗での顧客の購買行動の知見と、ネットスーパーの物流拠点を獲得したのである。

以上、オムニチャネルの取り組みは、従来の実店舗やECといった小売チャネルの概念を超え、顧客にとって最適な購買スタイルとは一体どのようなものなのか、顧客体験価値を向上させるにはどうしたらよいのか、を問いかけ、それに対する解答を提示するものだったといえる。

商品購買において自由度のきくオムニチャネルの構築は、これまで以上に顧客をストレスから解放し、顧客体験価値を向上させるものだったといえる。

†アフターフォロー・ステージ

イギリスの劇作家ウィリアム・シェークスピアの戯曲「終わりよければすべてよし」ではないが、顧客体験価値に関しても、最後がとても重要である。

商品は購入したら終わりではない。ECで購入して自宅配送の場合（オムニチャネルにしなかった場合）、指定日時にきちんと受け取れなければ、再配達になってしまうし、受け取った商品が入手前に予想していたイメージと異なった場合には我慢するか返品になってしまう。

もしもこのような購買後のプロセスで提供者側が対応を誤り、顧客が不満を爆発させてしまったら、大変なことになる。SNSや口コミを通じて、その事情が広く世間に訴えられるからであり、バッド・イメージが社会に共有される可能性があるからだ。購買後の顧客体験価値にかかわるこれらの問題に対して、おかしな印象操作をされないように物流サイドではどのような対応をしているのかを明らかにしてみたい。

†再配達

まず再配達についてであるが、これは序章でも述べた通り、「物流の2024年問題」を構成する由々しき問題である。再配達は、昼間の留守宅の増加（ライフスタイルの変化、女性の社会進出等）、セキュリティーの強化（居留守をつかわれる等）などの要因によって引き起こされ、昨今のタワーマンションの林立（高層階へ運搬する配達員の負担増）によって、その問題性を深めている。

わが国の物流業界で発生している再配達率は、23年4月時点で11・4％である（国土交通省のサンプル調査、23年6月）。新型コロナ感染拡大期で在宅率の高かった20年4月に8・5％まで低下したものの、これは一時的な現象に過ぎず再び元の水準に戻ってきている。再配達問題は残存したままなのだ。

これは、顧客にとっては些細なことでも、運送業者の立場からすると、結構な問題なのである。再配達には当然、荷物運搬の手間がかかる。それに加え、不在票の発行、再配達希望時間への電話対応なども必要となり、これらはすべて時間や手間を要するコストアップ要因になっている。ところが、再配達には別途料金がかかることはなく、配送業者が無料の物流サービスを行っているのだ。極端に言えば、顧客体験価値を従来通り維持するために物流業者がボランティア活動を行っているといってもよい。

無論、配送業者も商売でやっている以上、これらのことは十分承知していて、諸種のコストアップ要因をすべて、商品価格や配送料に織り込んでいると考える方もいるだろう。しかし現状の再配達は、配送業者にかなり無理を強いた犠牲の上に成り立った制度であることを忘れてはならない。

政府もこのあたりの事情は十分理解していて、再配達の削減目標を6％に設定している（「物流革新に向けた政策パッケージ」23年6月2日）。それを実現するため、玄関前への置き配や宅配ボックスの設置などを呼び掛けている。実際、アマゾンでは、約75％（22年12月時点）の荷物を置き配にして、再配達をほぼなくしている。例えば、同社は「アマゾン・キー・フォー・ビジネス」というシステムを展開している。これは、マンションの入口で配達員がオートロックを解除できるものである。もちろん、協力関係にあるマンションにおいてだけだが、これにより戸口への置き配が可能になっている。

また、宅配ボックスも再配達問題を解決する方法として注目を集めている。アマゾンは、「受取スポット」という店頭カウンターや宅配ロッカーを全国約4万か所に展開している（23年4月時点）。同様の取り組みは、ヤマト運輸の「ＥＡＳＹ」やパックシティジャパンが設置する「ＰＵＤＯステーション」などにみられる。ここでは、ヤマト運輸をはじめ佐川急便、日本郵便などの宅配便業者の荷物を受け取ることができる。

以上のようなクリック・アンド・コレクト系の商品入手は、顧客の配達時間待ちのストレスをなくし顧客体験価値を高めるだけでなく、配送業者にとってもコストのかかる再配達をなくす重要な取り組みといえる。今後、このような効率的な受け取り方法は、さらに拡大していくと思われる。

†返品

ＥＣが普及するにつれ、返品の受け入れ条件が顧客体験価値の水準に大きな影響を及ぼすことがわかってきた。ＥＣでは、購買製品の事前イメージと送られてきた実物との相違があったり、事業者のピックアップミス等が起こったりするため、必然的に実店舗より返品が多く発生する。

実際の返品率に関しては、商品種によってかなり異なるが、総じて日本では５－10％に中央値があり（エルテックス「通信販売事業関与者の実態調査２０２１」）、米国ではそれが30％程度である（Brohan, Mark. [2013] "Reducing the rate of returns." Internet Retailer. May 29, Accessed at https://www.digitalcommerce360.com/2013/05/29/reducing-rate-returns）。とりわけイメージ性を重視するアパレルやシューズで、返品が多くなっている。この理由は、やはりＥＣの場合、商品の五感確認ができず、店員のアドバイスも得にくいので、特に情緒性の高い製品ではイメージと実物とのギャップが発生しやすい点に求められよう。

当然、返品にはコストが発生し、企業業績にネガティブな影響を与えそうだ。しかし、

ＥＣ企業は、顧客体験価値とストアロイヤルティを高めるため、不可避的に発生する返品への対策を常に模索している。

アマゾンの場合、Amazon.co.jpおよびＡｍａｚｏｎマーケットプレイスで購入した商品は原則、到着時から30日以内であれば返品・交換ができる。商品の不具合、未使用・未開封の状態なら全額返金される。また返送に関しては、コンビニエンスストアやヤマトの営業所、さらには上記の宅配ロッカーＰＵＤＯステーションを通じても行うことができる（すべてではない）。

一般に顧客に対してこのような寛容な返品政策をとると、返品率は高まるといわれている（Bower, A. B. and Maxham, J. G. III [2012], "Return Shipping policies of online retailers: Normative assumptions and the long-term consequences of fee and free returns," *Journal of Marketing*, 76（5）, 110–24.）。

ただし、その結果としての売り上げに対する貢献性に関しては肯定的な研究があり、返品政策の寛容さが返品の増加よりも購入の増加を促し、結果として企業業績を向上させるというのだ（Janakiraman, N., Syrdal H.A. and Freling R. [2016], "The Effect of Return Policy Leniency on Consumer Purchase and Return Decisions: A Meta-Analytic Review," *Journal of

Retailing, 92（2）, 226-35.)。

顧客体験価値を高め、「終わり良ければすべてよし」にするために、顧客に優しい返品政策は、ＥＣ企業にとって不可欠な流通戦略といえる。

3　ラストワンマイルの効率化とドローン配送

†ドローン配送の現状

ロシア・ウクライナ戦争で一躍脚光を浴びたドローンだが、空中を自在に移動できることれの用途は多様である。物流業界では今、最終消費者に商品を届ける最後の物流過程「ラストワンマイル」でドローンを活用しつつある。

以前は、カメラを搭載したドローンで、人が入りにくい環境の監視や災害地域での情報収集に活用されていたが、災害発生時に被災地への救援物資の輸送に使われるようになり、それが最終消費者への商品配送へと応用されていった。

米国のジップライン（Zipline）社は、アフリカのルワンダで２０１６年から輸血用の血液をドローンで配送している。同様の取り組みはスイスでも見られ、17年からスイスポスト（国営郵便企業）がルガーノで病院間の検査試料のドローン配送を始めている。これにより配送員の削減ができ、車での移動時間に比べ数十分の一といったレベルの高速化を実現した。まさに「空の物流革命」である。

ドローンの商業への応用も積極化している。アルファベット（グーグルの親会社）のウイング・アビエーションは、テキサス州ダラス・フォートワース地域で医薬品や菓子のドローン配送を始めた。22年4月のことである。

ＥＣの雄、アマゾンは20年、ＦＡＡ（米国連邦航空局：Federal Aviation Administration）にドローン配送の許可を受け、宅配サービスの「プライム・エア」が実用段階に入っている。22年11月には32年までに年間5億個の荷物をドローンで配送するという声明を発表した。

日本では、群馬県安中市とセイノーホールディングス（西濃運輸の親会社）、さらにエアロネクストなどがアライアンスを組み、ドローン配送に取り組んでいる。22年10月に3者はスマート物流に向けた連携協定を締結し、安中市内の複数の地点でドローン配送の実証実験を行っている。実際、ドローンは、農産物、弁当、処方薬等を離着陸スペースの取れる小学校、ゴルフ場、病院に配送している。

また、日本郵便もACSLと提携して、23年3月に、奥多摩で約2キロの距離を往復するドローン配送を行っている。この取り組みの最大の意義は、「レベル4」でのドローン飛行にある。この「レベル」というのは飛行の難易度を表し、レベル1は目視可能範囲内での人による操作、レベル2は離着陸の場所や速度、飛行ルートなどをプログラムした上での目視内自動飛行、レベル3は森林や河川などの人の立ち入りの低いエリアでの目視外自動飛行、レベル4は住宅地や街路などの有人エリアでの目視外飛行である。日本では、22年12月にレベル4の解禁がなされ、日本郵便はこの最高難度レベル4での国内初の事業者になった。この取り組みにより配送時間は大幅に短縮され、人がまばらな山間部への配送負担の軽減がなされている。

小売主導の取り組みも多数見られる。セブンイレブン、ローソン、ファミリーマートなどのコンビニエンスストア、楽天グループのようなECもラストワンマイルでのドローン配送に着手している。このうち、セブンイレブンは、ANAホールディングスとともに、離島への商品配送にドローンを活用する。

また、イオンリテール、日本航空、KDDIスマートドローンの3社が23年6月に、小売領域でのドローン活用に関する三者協定書を締結している。ラストワンマイルにおいてドローンやデジタル技術を有効活用し、サプライチェーン全体の効率化を実現するためだ。

†「空の物流革命」はあるか

それではなぜ、ドローンという玩具のような飛行機体に大きな期待を寄せるのだろうか。少年期にラジコンで遊んでいた筆者からすると、今時ドローンに「空の物流革命」などと大袈裟な表現をしなくても、空中移動なら昔からあるラジコンヘリでよいじゃないかと思ってしまう。実際、当時でも農薬の散布などにはラジコンヘリが使われていた。

しかし、調べてみると、ラジコンヘリとは異なるドローンのメリットがわかってくる。それは、一言でいえば「自律性」にある。ラジコンヘリでは操縦者が絶対必要だが、ドローンはプログラム化さえなされていれば、自動で飛行することが可能だ。AI搭載ドローンでは、完全な自律飛行が可能で、ここには人間の介在がなくなるのである。「物流の2024年問題」でドライバー不足が叫ばれ、人件費が高騰し、最終消費者に向けた小口荷物の多頻度配送が一層増大すると、これらを改善する上でドローンが果たす役割も決して小さくなさそうだ。

また、宅配サービスへのドローン活用も高まる趨勢にある。米国のウォルマートは、ドローンを使った商品の宅配サービスを拡大する予定であり、すでに7州で展開中だ。ドローン企業との提携も積極的に進めており、そのうちの1つであるドローンアップでは、年間100万件以上の潜在需要が見込めるとしている。

高齢化が進む日本では、次第に実店舗に行かない、行けない老人が増えてきている。また過疎地などで、買い物難民も増加の一途をたどっている。このような交通弱者への対応として、セブンイレブンやローソンなどの「移動コンビニ」、十勝バスの「マルシェバス」などいろいろあるが、将来はドローン物流も本格的にこれに加わるだろう。

この手法をとれば、人件費のかかるドライバーや本体および燃料費も高い自動車を使わず、なおかつ道路事情の悪い過疎の山間部にも迅速に商品を届けられるからだ。さらに、ドローンは、環境への貢献性も高い。スミソニアン（Smithsonian, 2018）の調査によれば、ドローンによる温室効果ガスは、トラックに比べ、54％以上の排出削減効果があるという（https://dronemajor.net/editorials/how-drones-will-help-save-the-environment）。

ＡＩ搭載ドローンの場合、アルゴリズムが、複数の配達先や物流拠点を考慮して最適な経路を計算して飛行することができるため、バッテリー消費量も最小限に抑制することが可能になる。この結果、環境への負荷を大幅に軽減することができ、カーボンニュートラルに向けて大いに貢献することだろう。1日100万個以上の荷物を配送するアマゾンは、たゆみないCO_2の排出削減にもかかわらず、需要増からトータル排出量は増加傾向にある。同社は40年にCO_2排出ゼロを目標に掲げており、その実現のためにもドローン物流への取り組みは不可欠といえる。

環境問題、資源問題、エネルギー価格の高騰などを考えると、ラストワンマイルでのトラックからドローンへの輸送手段の転換は、不可避といえるかもしれない。

†ドローン配送の問題点

今後、商用ドローンの市場規模はどこまで拡大するのだろうか。複数の試算がなされている。米国大手市場調査会社のマーケッツ・アンド・マーケッツ（MarketsandMarkets）では、世界の商用ドローンの市場規模は、2023年には239億7000万ドルと推定しており、年平均成長率は26・8％だという。そして、30年時点では、1266億1000万ドルにまで達すると予測している。

また、米国のビジネス・リサーチ・カンパニー（The Business Research Company）では、世界の貨物ドローン（Cargo Drone）市場が23年に13億ドル、そして27年には42億5000万ドルまで拡大するとみている。年間平均成長率は34・3％である。

これらの数字から明確なことは、ドローン市場が今後一層拡大していく可能性が高いという点だ。

しかしながら、ドローン物流の成長は一方的な右肩上がりになるのか、と問われればそんな単純なものではないと答えざるをえない。現状では多くの問題点を孕《はら》んでおり、その中には容易に解決できないものもあるからだ。箇条書き的に問題のポイントを整理しておきたい。

①　管理要員の問題。ドローンは自律飛行できる点にメリットがあるが、完全なレベル4のAIドローンが普及しない限り、人間による機体の捕捉・管理は必要である。そうなると、人件費面を含めた損得勘定の問題が出てくる。

②　接触事故の問題。平面を走るトラックと違い、ドローンは広大な三次元空間を疾駆できるので、自由で迅速な配送が可能になることが期待されている。しかし、山間部では森林がそびえ、街中ではビルや電線が至る所に存在している。これらに接触して墜落す

ることもあり得るし、ドローンの主な飛行空域は地上150メートル圏（それ以上の高度は航空法上の許可がいる）であって、ドローンの数が増えてくるとドローン同士の接触事故も起こる可能性がある。

③　天候の影響の問題。ドローンはものにもよるが比較的軽量コンパクトなものが多いので、風雨の影響をもろに受けやすい。強風や大雨が降ると、飛行自体ができなくなる。台風やゲリラ雷雨の多い日本では通信も乱れ、利用が制限されることになる。実際、日本郵便とACSLの実証実験の際にも大雨により順延になっている。

④　長距離・長時間配送の問題。ACSLの最大飛行距離は35キロを誇るが、普通のドローンでは現状、この10分の1も飛ばすことができない。動力源にはリチウムイオン電池あるいはリチウムポリマー電池が使用されるが、30－40分程度でバッテリー切れを起こすという。ラストワンマイルが飛行範囲なのでさほど長距離・長時間稼働になることはないと思うが、万が一バッテリー切れを起こすと、墜落し、傷害やビル・家屋の火災等に発展する可能性もある。

⑤　盗難の問題。本格的なドローン物流が行われるようになると、商品の盗難や場合によっては機体自体の盗難も起こりうる。ジップラインのドローンでは当初、最終目的地に

着くと、荷物にパラシュートを付けて上空から投下していた。ふわふわ降りてくる荷物が途中で誰かに盗まれることがあるだろうし、またドローンが低空飛行していると、好奇心やいたずら心から打ち落としたり、機体を盗んだりする輩も出てくる可能性がある。

⑥ 採算性の問題。アマゾンでは、「プライム・エア」に関して、構想から10年以上たってもまだ完全な商用化とは言えない状態にある。また、ジップラインが手掛けてきたような高額の輸血用血液のドローン配送は成功しているものの、日本の自治体で明確な経済的成果を上げたところはいまだにないといえる。通常のドローンでは、数キロの荷物しか運べず、バッテリーコストやその他の経費を考えるとある程度付加価値の高いものを運ばないと現状のシステムではペイしえないのだ。

正直言って、以上の問題は一朝一夕に解決しそうにない。まだまだ試行錯誤が続きそうだ。だが今後、技術的に突破でき、堅固なＡＩドローンが実現した暁には、ラストワンマイルにおける強力な配送手段になるだろう。

ところで、本節では、ラストワンマイルの効率化のための「ドローン配送」に焦点を当ててきたが、冒頭にも記したとおり、ドローンの用途は多様である。例えば、物流絡みで成果が上がっているものに倉庫内ドローンがある。これは、大規模なディストリビューションセンター内にドローンを飛び回わらせてＲＦＩＤタグ等を読み取らせ、商品の在庫追跡を行うものである。在庫管理専用ドローンを開発する米国のギャザーＡＩ（Gather AI）は、倉庫内にドローンを自律飛行させ、在庫を空撮し、空の場所をすばやく見つけて、在庫エラーの修正を行う。これにより棚段を変更することなく在庫管理を15倍速にできたという。また、ウォルマートはかつて倉庫内ドローンの活用により、人間の約30倍の業務遂行能力があると述べていた。

屋外のような不確実な障害が発生する空間で利用するより、とりあえず現状では既知の屋内空間での有効活用に取り組む方が実利に直結すると筆者は考えている。

4　ドライバー不足を補うギグワーカー

†ギグワーカーとは

働き方改革が唱えられるずっと以前から正規雇用者の他に、多様な働き手がいた。パート、アルバイト、臨時社員、契約社員、派遣社員、フリーランス、フリーター等といった非正規雇用者である。これらの後発として加わったのが、ギグワーカーである。

これは、①ネットを経由して労働需給のマッチングを行うデジタルプラットフォームを使用して、②希望の日時、場所、職種等を選択することで、単発で働く労働者のことである。要するに、マッチングアプリを使って仕事を選択し、自分のスキマ時間にやりたい（やれる）仕事をこなす一過性の請負労働者を意味する。

語源的に「ｇｉｇ」とは、ミュージシャンたちが使うスラングでデートや婚約を表すものだったそうだが、１９５０年代に現実生活とは別の場所で、心身を保つために行う仕事を意味するようになった、と言語学者のジェフリー・ナンバーグは述べている。つまり、本業を持っていても、何らかの理由により別の仕事をする人々をギグワーカーと捉えることができる。

ただし、これはあくまでも語源的な意味であり、現在使われているギグワーカーは、上記の①と②を満たす労働者のことである。とりわけ、①の特性が現代的である。高度情報化や新型コロナの蔓延によるオンライン化の普及により、このタイプの労働者が激増した。

現在、ギグワーカーの人口規模がどれぐらいなのかというと、これに関しては定義の問題を含め、明確な数字はない。より上位概念であるフリーランスの総数は1577万人という調査結果がある（ランサーズ株式会社「新・フリーランス実態調査2021-2022年版」）。ただ、総務省の就業構造調査によると、22年10月時点でフリーランスの人口は、257万4000人となっていて、大きな開きがある。フリーランスの把握においてもこの状態なので、より新しいギグワーカーの総数はいまだ正確にはカウントできない。ランサーズの推計によれば、最低でも308万人（21年1-2月）は存在するという（ランサーズの推計：https://www3.nhk.or.jp/news/html/20210528/k10013051781000.html）。

いずれにせよ比較的多くの人々がこの雇用形態にあり、現下、このギグワーカーが、物流業界の労働力不足を改善し、運賃の高騰を抑制する貴重な人的資源になっている。とりわけ、ラストワンマイルでの荷物の移動に少なからぬ貢献しているのは事実だ。

†なぜ流行ったのか

ギグワーカーの活用主体として有名な企業に、ウーバー（Uber）がある。同社は米国で、「ライドシェア」という日本でいう「白タク」を事業化し、一般人を有償ドライバーとして利用して、大きな成果を上げた。日本では、安全面を考慮してこのサービスは認可されていないが、荷物を運ぶことに関しては認められていて、宅配業界の救世主的存在となった。それが「ウーバーイーツ（Uber Eats）」だ。

これは、ウーバーが独自のアルゴリズムを内包したデジタルプラットフォームを提供し、飲食店と配達員をマッチングさせ、注文した顧客に料理を配送するシステムである。昔からある寿司屋や蕎麦屋の「出前」部分の外部化である。

このようなまさに「スキマビジネス」が流行ったのは、高度情報化によるマッチングアプリの進化やスマホの普及なども根底にはあるが、なんと言っても直接的な原因は、2019年以降の新型コロナの感染拡大にある。外出制限がかけられ、外食どころか小売店への買い物出向もままならない人々が料理宅配に頼ったのである。

物流業界でギグワーカーの増大をもたらした起因は、このコロナ問題の勃発より少々前に遡る。17年あたりに「宅配クライシス」といわれる小口荷物配送に関わる大問題があった。これは、ヤマト運輸、佐川急便といった宅配大手が、あまりの宅配荷物量の増加に耐え切れず、取引相手に大幅な運賃値上げを要求したのである。ちょうど今日の「物流の2024年問題」と軌を一にする状況であった。

とりわけ、日本の宅配荷物の半分近くを占めていたヤマト運輸の負担は大きく、コスト負担に加え、ドライバー不足を考慮して、輸送需要自体を減殺すべく取引相手に運賃値上げを迫ったのである。一説には、EC最大手のアマゾンですら4割超にも上る大幅値上げを呑んだといわれている。その後すぐに佐川急便も追随し、値上げを良しとしない企業が一時的に日本郵便に流れたものの、同社も18年3月から運賃値上げを実施している。

以上のような物流企業の要望・対応に対し、ECサイドが指をくわえて甘受していたわけではなかった。アマゾンは、19年4月から「アマゾンフレックス」を始動した。これは、宅配未経験の者でも、スマホと黒ナンバーの軽貨物車を用意すればアマゾンの宅配業務に取り組むことができるとするものだ。いわゆる「スキマ時間」に好きなだけ仕事ができる「フレックス」な労働提供方式の提案だ。アマゾンの宅配を行いたい者は、基本的に個人事業主として委託契約を結ぶという形をとるものの、上記の緩い条件と普通免許証を所持していればできる単純な仕事なので、ドライバー不足を解消し、運賃上昇に歯止めをかける物流対応策となった。

ギグワーカーは、物流委託をする事業者（例えば、ウーバーやアマゾン）にとって非常にメリットが大きい。このタイプの人員は繁忙期や閑散期に柔軟に増減を行うことができ、常勤の正社員として社内に抱え込むわけではないので、社会保険や福利厚生等のコストもほぼかからない。

また当然、ギグワーカーにとっても単発の請負仕事はメリットがある。不況やコロナ禍で仕事や収入が減った人々にとって、仕事のないスキマ時間に副収入を得られることは時間の有効活用になるからだ。あるギグワーカーの調査では、それに取り組んだ動機として最も高く、半数近くを占めていたのが「収入が足りないため」であり、興味深いのは調査対象者の6割強が「本職」を持っていたことだ（早稲田大学教育・総合科学学術院、黒田祥子研究室調べ）。

†シェアリングエコノミーとギグワーカーの未来

直接的な雇用関係のない人が、必要としている人に単発でスキルや時間を提供する行為は、シェアリングと言い換えることもできる。ギグワーカーは、シェアリングエコノミーの下で、必要とされる業務を、デジタルプラットフォームを通じて他者と共有し、相補していくことができる。まさに時代にマッチしたオンデマンド型労働者といえる。

しかし実態面では、ギグワーカーに対する処遇の悪さが問題になる場面もある。例えば、ウーバーイーツでは、報酬のブラックボックス化、カスタマーハラスメント、配達事故時の補償などで配達員が不利な立場にあるというネガティブな指摘がある。

このような事態を是正するため、同社の配達員ユニオンは、東京都労働委員会に申し立てを行っている。同委員会は２０２２年11月に、ギグワーカーとして働く配達員が、労働組合法３条による「労働者」と認め、ウーバーも同法７条による「使用者」と認定した。これにより、配達員は団体交渉権を有し、ウーバーはそれを拒否することができなくなった。

不安定かつ脆弱な立場にいたギグワーカーは、その地位が確立したことで、今後さらに脚光を浴び、日本社会に定着していくことだろう。

日本において、「宅配クライシス」以降のドライバー不足の問題解決のために、ギグワーカーが果たした役割は小さくない。そして、「物流の２０２４年問題」でも同様か、それ以上だろう。時間外労働で稼いでいたトラックドライバーが年間９６０時間の上限規制で物理的に働けなくなる昨今、労働者としての地位が確立し、自由度が高いギグ・ドライバーにウェイトが移っていくことは自然な流れといえよう。

第三章

ロボット化は救世主となるか——仕分けロボや自動運転配達の現在地

1　悲鳴を上げる分類取揃え機能

†数量の需給ギャップを埋めてきた流通

物流の基本はモノの移転だが、それを行う過程で、需給の数量調整を行う「分類取揃え機能」が極めて重要な役割を果たしている。倉庫や物流センター、そしてアマゾンのフルフィルメントセンターではそれが行われている。なぜなら、生産者は、限定された品種の大量生産・大量販売を目的としているのに対し、そのラストに位置する最終消費者は、多様な品種を少量しか購買しないからである。つまり、ここには生産者による「少品種大量生産」と最終消費者の「多品種少量購買」という数量面の需給ギャップが存在する。

このギャップを埋めてくれるのが流通業者であり、そのうちでも主に物的な調整作業を行い、モノの移転に携わるのが物流業者である。物流業者は、主に商品の調達、在庫、ピッキング、仕分け、荷役、配送といった業務を遂行することを通じて、最終消費者の希望する商品を希望する量だけ組み合わせて届けることができる。

理解しやすいようにネットスーパーを例にとると、①小売業者は最終消費者が購入したいと思う商品を仕入れておき、②それを店舗内のバックヤード・店頭あるいは外部施設に在庫している。③そして最終消費者からインターネットを通じて商品の注文を受けると、店内あるいはダークストア（宅配だけに特化し、最終消費者は入店できない店舗）からピッキングし、④それを届け先別に仕分けして、⑤運搬手段に積み込み、⑥配達する。

最終小売過程では、以上のようなステップを経て、生産者が目的とする「少品種大量生産」と消費者の求める「多品種少量購買」とのギャップを解消しているのである。物流は、生産と消費との間に介在することでモノの移転面での「分類取揃え機能」を果たし、数量的変換（大量から少量へ）と質的変換（少品種から多品種へ）を行っているのである。

しかし、現下、この「分類取揃え機能」が悲鳴を上げている。高齢化や新型コロナのパンデミック、そして恒常的な女性の社会進出により、宅配便やネットスーパーの利用率が非常に高まっているからである。にもかかわらず対照的に、物流業界は人手不足が継続しており、超がつくほどの多忙から3K化がより深刻になって、離職者が増加しているのだ。荷物配送の需給ギャップは広がるばかりで、特に上記の③〜⑥の物流プロセスの「分類取揃え機能」が、麻痺する恐れすらある。

このような窮状を鎮める「救世主」として「ロボット化」は期待されている。人間の労働をロボットが代替することによって、無人化・省人化（人手不足や長時間労働の解消）や効率化（作業の高速処理、ヒューマンエラーの消滅）が、期待されているのだ。

果たして「救世主」となるのか、そのロボット化の動向について、明らかにしてみたい。

2　ロボットによる物流施設の自動化

†自動倉庫からモジュラー型へ

現在は、ロジスティクス4・0という流れの中で、IoTやAI、そしてロボットを活用し、「自動化」を促進しようという動向がみられる。物流活動は、作業員の肉体への負担度が高く、疲労やヒューマンエラーによる事故や作業能率の低下が頻繁に起こるので、人間労働をロボットに代替してもらおうとする潮流だ。

しかしながら歴史を紐解くと、倉庫の「自動化」の登場は意外なほど古い。マテハン大手のダイフクは、1966年にすでに自動倉庫を開発しており、松下電器産業（後のパナソニック）に「ラックビルシステム」を、69年には旭化成工業に「完全自動化システム」を納入している。前者は搭乗者運転式のビル式自動倉庫で、後者は国内初のコンピュータ制御による完全自動化ラックビルシステムである。これらにより、荷物の入出庫や在庫の管理精度が高まり、倉庫内のオートメーション化が進展することになった。

近年でも釣り具・ファッションアパレルメーカーのハヤブサがノルウェー製の自動倉庫

「Auto store」を導入している。これは小型コンテナの上にレールを走らせ、その上をロボットが縦横無尽に走行し、必要な商品をピックアップするシステムである。この装置では、完全無人化が可能であり、空間利用率も高く、終日稼働もできる。人手不足や人件費の高騰に悩む倉庫業者にとっては、福音となるシステムといえる。

ただ、これらの自動倉庫の設置には、制約条件があり、そのハードルが高いがゆえに広範な普及には至らなかった。このシステムは、使用用途によってはコストパフォーマンスが非常に悪いのである。倉庫をフルに自動化するには初期投資が多額に及ぶ。上記のハヤブサの例では、23億円もかかったそうだ。だが、初期投資が高くても、長期的に稼働し、いずれ採算が取れる見通しがあるのなら問題はない。ハヤブサのようにメーカーが自己の製品を入出荷するために使用するのなら利用度が安定していて問題はないのだが、EC系の物流センターでは導入は不向きだ。

というのは、需要に明確な繁忙期と閑散期があり、不確実性が高いからである。とりわけ閑散期には自動倉庫が止まってしまうことにもなりかねず、機会損失を生む可能性が高くなる。また、EC宅配のように需要が小口で風袋が多様になると、トラックの荷台密度にマッチしないケースも多発する。自動倉庫は、多額の初期投資が必要であるにもかかわらず、このような需要に対する柔軟性のなさが、コスパを悪くし、勢いEC事業者をして導入を渋らせるのである。

また現在、庫内オートメーションの象徴的手段ともいえる長距離のコンベヤーが無くなりつつある。これも上述と同様に、多額の導入コストとEC需要の変動にマッチできないからである。これに対応するため、モジュラー型と呼ばれる自律搬送ロボットが活躍している。インドのグレイ・オレンジ（Grey Orange）社は、「Ranger GPT」という自動搬送ロボットや「Ranger MOBILE SORT」というコンベヤーを内蔵した搬送ロボットを市場化している。50人程度のピッキング要員を必要とする物流センターの場合、前者を導入すると、その5分の1の人数でほぼ同等の生産性を上げられるという。

†自動荷下ろし・積み込みロボット、無人フォークリフト

「物流の2024年問題」でも提起された不当な無料サービスの典型が、荷主拠点での荷物の「バラ下ろし・バラ積み」である。ただでさえ労働負担の重いトラックドライバーが事前の取り決めもなくこの種の見返りのないエクストラ業務を強いられれば当然、不満が鬱積する。このようなブラックな職場からは、早く離職したくなる気持ちがよくわかる。

この種の問題を解決するのが、自動荷下ろし・積み込みロボットである。

トラスコ中山株式会社は、Ｍｕｊｉｎの開発した積載ロボットを物流センター「プラネット埼玉」に導入した。これは従来、手作業であった車両への荷物の積み込みをロボットの活用により自動化したものである。これにより１日２５００個の出荷が可能になったとのことで、これは従来の2倍の水準であるという。

ＺＭＰでは、「Carriro Fork」という無人フォークリフトを開発しており、人が乗り込むことなく棚やラックの移動を可能にしている。走行は、２Ｄ－ＬｉＤＡＲセンサー（水平方向の移動のための二次元の距離データを出力するセンサー）とリフレクターという位置を知らせる反射棒を活用したレーザー誘導方式で行われており、最大１・４トンの荷物を自動運搬可能だ。

もっと優れものが、自動アンローディング（荷下ろし）／ローディング（荷上げ）ロボットである。豊田織機の「ULTRA Blue」は、トレーラーやコンテナから自動で荷物の上げ下ろしを行うことができる無人フォークリフトだ。これは、測距センサーで荷物の位置を確認し、画像認識技術によって積み込み状態を検出して、同社オリジナルのアルゴリズムに基づいて最適な順序で荷下ろしを行う。このフォークリフトにより、１時間に１００

0個の段ボール箱を処理できるという。

また、この機器は、荷物の積み下ろしだけでなく、走行も自律的にできる。倉庫内での運搬ロボットの自律走行には、AGV（Automated Guided Vehicle）とAMR（Autonomous Mobile Robot）という方式がある。AGVは、磁気テープやマーカーなどを床に設置し、それにそって決められたルートを走行する無人の搬送車である。これに対して、AMRは、誘導装置がいらず、センシング技術を活用し、目的地まで走行する搬送ロボットだ。「ULTRA Blue」は、AGV方式で倉庫外の作業の自動化も可能にしている。この方式は、追随型ロボットを開発しているDoogの「サウザー（THOUZER）」でも同様である。サウザーは、レーザーセンサーを用いて複数の台車が車間距離を保ち、隊列走行をしながら大量の荷物を牽引することができるロボットなのだが、「ライントレース」といって倉庫内の床に再帰反射テープを敷設し、これにそって自動走行することができるようにしている。

荷役作業の自動化は、以上のような単独のモジュールでも効果的だが、多様なロボットが連携をとることでさらなる有効性を発揮できる。ZMPは、無人フォークリフト「Carriro Fork」だけでなく、台車搬送ロボット「Carriro AD+」、自動運転EVけん引車の「Carriro Tractor」をクラウドサービス「ROBO-HI」と連携させることで一元管理し、流れるような一気通貫の荷役システムを提案している。

このような個々の自動化モジュールの組み合わせは、かつての自動倉庫のような硬直的システムと違い、変化する状況にフレキシブルに対応することができる。今後、多様なロボットメーカーの製品を適宜ミックスすることで、将来の倉庫や物流センターはさらなる無人化・省人化、そして効率化を達成することだろう。

†棚ごと移動させるジャッキアップロボット

倉庫内労働の数字を見て思わず「ええ⁉」と驚いたことがある。それは、ピッキング作業員の移動距離だ。EC最大手のアマゾンの物流センター内ではかつて、ピッキング作業員が1日「22キロ」も歩かされていたとのことだ。ピッキングとは、在庫してある商品を注文に応じて在庫棚からピックアップして、梱包・出庫に回す作業であり、荷物の積み下ろしに比べれば楽な業務と思っていた。

しかしながら、毎日22キロもの移動を強いられるとなると、戦時中の「行軍」と大差ない。通常の行軍では1日24キロほどだからだ。それと同等の移動が必要な職種となるとまさに「戦争」そのもので、その重労働から離職者が増えるのも頷ける。アマゾンでは、ピッキングに携わる作業員の多くが、足の裏に水膨れができていたという。労働組合の事務総長は、「スタッフは機械ではなく、人間として扱われるべき」と話していたそうだが、まさに機械化が必要な業務だったのだ（https://karapaia.com/archives/52229868.html）。

このような作業員の過重負担問題を解決するため、アマゾンは画期的なシステムを導入している。第二章で軽く触れた自動棚移動ロボット・システムである。アマゾンでは、「ＫＩＶＡ」という棚移動のロボットを自己の物流センター（Amazon Robotics）に導入し、ピッキング作業の省力化を図ったのだ。これは、作業員が在庫のある固定ラックまで行ってピッカー業務を行うのではなく、ラックの方が作業員のところまで移動してきてくれるスマートなシステムである。これにより、これまでのようなピッキング作業員がカートを押して、商品を探索してピックアップし、またもとの所へ戻るという歩行負担がなくなった。

「ＫＩＶＡ」は、アマゾン・オリジナルのものではなく、もとは２００３年設立のキバ・システムズの技術だ。アマゾンは、この技術の有効性を評価して12年に買収し、完全子会社化した。「ＫＩＶＡ」は、機構的には、ロボット掃除機の「ルンバ」と類似しており、ＡＭＲ方式で自律走行する。このロボットは、ポッドと呼ばれる商品棚の下に滑り込むとジャッキアップ（棚ごと持ち上げ）し、作業員の待つ梱包場所まで運搬してくれるのである。必要なポッドを最短コースで運んできてくれるため、作業員の歩行負担やピッキング時間を大幅に縮減化し、労働生産性を飛躍的に高めることになった。

ジャッキアップ型の棚移動ロボットは、有用性が高いことからさまざまなロボットメーカーが類似商品を出している。中国系のギークプラスは、「JUC-S800R」という「ＫＩＶＡ」と同様のＡＭＲ方式の自律走行ロボットを作っていて、８００キロの高重量商品棚を運搬できるという。ちなみに、アマゾンのポッドの最大重量は、３４０キロである。

インドのグレイ・オレンジ社の「Ranger GPT」も同様の自動搬送ロボットを開発していて、これを導入すると、従来の約5倍の省人化を達成できるという。ニトリ、大和ハウス、トラスコ中山などの著名企業もこのロボットを導入している。

フランスのエグゾテック・ソリューションズ・サスは、「Skypod」という自動化倉庫システムを提供している。このシステムは、荷物の保管棚、ピッキングステーション、受注に応じた運搬から構成される。ピッキングに関しては、ロボットが棚を3次元的に走行し、必要な商品の専用バスケットを見つけるとジャッキアップし、ピッキングステーションへ自動搬送してくれる方式だ。ピッキング要員はステーションからまったく移動することなく、その場で作業が行える。これにより、導入前後比で約5倍速く荷詰め作業を行えるようになったという。日本では、ファストファッション最大手のファーストリテイリングが19年に、エグゾテックとパートナー契約を結び、このシステムを導入している。

†高認識のアームロボット

ジャッキアッププロボットにより省力化や高速化は可能になるだろう。しかしこのシステムでも、実際のピッキング業務は人間がやっている。あくまでジャッキアッププロボットは、保管棚を人の元へ近づけてくれるだけで、荷物の取り出しは作業員の手作業である。

この工程の自動化が困難なのは、商品の多様性に由来して、商品の風袋やサイズ、重量などが千差万別だからだ。ピッキングという作業自体は荷物を取り出すだけなので単純であるものの、単品ベースのピース・ピッキングになると、機械では難しくこれまでは人間が行わざるをえなかった。ECが隆盛化し、輸送すべき荷物量が激増しても、人海戦術で対応するしかなかったのである。

2022年のわが国の宅配便の取扱い個数は、実に50億588万個に上る。このあまりにも巨大な数の荷物を小口顧客向けにピックアップするにはロボットの導入が求められ、とりわけピース・ピッキングの自動化が希求されていたのである。

ただし、繰り返す通り、商品の風袋やサイズ、重量などは千差万別である。自動化するには、まず認識プロセスが必要になるのだが、これまではカメラで認識させ、それに基づいてロボットアームの位置を調整させて、ピックアップするという方式だった。ここには商品認識上の問題があった。ヒューマンエラーならぬ、マシンエラーが発生するのだ。

Ｍｕｊｉｎでは、「Ｍｕｊｉｎ３Ｄビジョンシステム」を開発し、一般に識別が難しいといわれる商品も３Ｄ認識ができるようにしている。実際、凹凸のある商品やパウチのような変形しやすいものまでロボットアームでピッキングできるという。認識可能な商品ＳＫＵは累計で数十万点にも及び、１時間当たりのピース処理数は実に１０００ピースもあるという。これらの数値はいずれも物流業界最高水準である。このような好成績からこれまでアスクルや中国大手ＥＣ企業の京東商城の物流センターに導入されている。

類似のシステムは、米国にもみられ、13年創業のバークシャー・グレイ（Berkshire Grey）は、「AUTOPICK」というアーム型のピースピッキングロボットを展開している。これは、Ｍｕｊｉｎのシステムと同様に、多様な商品をソフトにハンドリングでき、かつ自動梱包まで行える。このシステムにより、物流センターの作業員を五分の一まで省人化でき、倉庫内の生産性を35％向上させられるという。同社には、ソフトバンクグループ等が出資しており、ＳＢロジスティクスの市川ＤＣにこのロボット・システムを導入している。

†物流ロボット化を促した要因

以上、物流施設内におけるロボット化の動向についてみてきた。これらが積極的に開発され、浸透してきた理由はさまざまある。

契機となったのは、ＥＣによる宅配便の利用率の高まり、物流業界の人手不足と物流コストの高騰、新型コロナの蔓延、政府主導の物流ＤＸの推進などである。それぞれについて簡潔に記しておこう。

ＥＣは、消費者が購買を意識した時にいつでもサイトへ訪問し、選択・購買するチャンスを提供してくれている。デバイスには、ＰＣ、タブレット、スマートフォン等があるが、とりわけスマートフォンは小型軽量でモバイル性に優れ、時空間を問わず、商品購買を可能にする。それ以外にも、豊富な品揃え、合理的な価格選択、購買の秘匿性など、ＥＣが人気化した理由は山ほどあり、結果として販売成果面では成功を収めた。しかしながら、宅配需要はとどまることを知らずに伸び続け、ＥＣ系の物流施設はどこも繁忙を極めた。荷姿もバラバラな多様な小口荷物の需要が激増し、ただでさえ人手不足だった属人的な荷役や輸送の世界が回らなくなるほど、人材難の荒波に襲われたのである。その結果、人件費も高騰してきている。

ＥＣの物流センター絡みで興味深い動向がみられるので、ここに少々記しておきたい。近年、都市部近郊に物流拠点を構える事業者が増えている。これまで、物流拠点といえば、郊外、臨海部、高速道路沿線等に立地するのが常識だった。これらの地域は、大規模用地が確保でき、賃料負担も低いからだ。ところが昨今、あえて賃料の高い都市部に物流拠点を構える動向がみられるのである。

ＥＣが脚光を浴び、「ラストワンマイル」の高速配送が業者間の主戦場になっているからだ。伝統的な通販は、さほど高速化は求められなかった。それは、メインの品揃えが買回品だったからである。アパレルや生活雑貨は時間経過に伴う品質の劣化はほぼないに等しい。それゆえ、リードタイムはある程度余裕があった。

ところが、今日のＥＣではおびただしい数の品目が取り扱われ、その中には食料品も数多くあって、即時配送が求められるようになっている（例えば、アマゾンフレッシュ）。このような競争構造の変質によってEC事業者はリードタイム短縮化のため、物流拠点をラストワンマイルの都市部に移してきているのである。

しかしながら当然、都市部の物流施設の賃料は高い。首都圏の直近（2023年第2四半期）の実質賃料は坪4510円とのことである。2018年あたりに筆者が聞いた賃料の損益分岐点が坪3500円だったので、それと比べるとかなりの高水準といえる。やはり、ラストワンマイルの高速配送のため、都市部に物流施設を構える事業者が増えているのであろう。

このようなコストの高騰も、可能な限り人間からロボットへの代替を推し進めるプレッシャーになったと思われる。

物流のロボット化に拍車をかけたもう一つの理由が、新型コロナウイルスの蔓延である。19年に突如として全世界を襲ったこの感染症は、物流業界を含めた多岐にわたる分野に大きなインパクトを与えた。

消費分野では、「巣ごもり消費」という言葉に象徴されるように、3密回避のためになるべく家から出なくて済むような購買行動が一般化した。また、実店舗で購買する際にも、出向頻度を極力少なくし、まとめ買いに徹し、店内ではソーシャル・ディスタンスを確保して、レジ店員との接触も避けるようにした。

その他、ネットスーパーの利用増はもとより、消費者に代わって買い物をしてくれる買い物代行サービスが台頭した。例えば、ショッピングセンター「新百合ヶ丘エルミロード」では、物流スタートアップのCBクラウドによる「PickGo」を導入し、いなげやも移動スーパー「とくし丸」を使って配送サービスを始めている。

この時期、老舗百貨店の伊勢丹新宿店が扱う福袋のうち、なんと8割超をネット販売にしたというニュースを目にして驚かされた。「ニューノーマル」が伝統的な福袋の販売パターンまで変化させたのだ。実店舗に出向かなければ人との接触を避けることができ、感染リスクを大幅に削減できるからだ。新型コロナによりECの発展が10年早まったという説も出るくらいである。

新型コロナのパンデミックは、物流センター内にも大きな影響を及ぼした。もともと労働集約型職場の物流センターではこの時期、3密回避をどうするかが至上命題となり、きちんとソーシャル・ディスタンスを取らねばならない状況からロボット活用による省人化が必須の課題となったのである。

物流人材の減少傾向から物流の近代化や業務の効率化は、以前から追求されていたものの、それは主に物流コストの低減が目的だった。しかしながら、新型コロナの急速な感染に起因する省人化は、経済的問題を超え、物流人材の健康を考えた社会的課題ともなってきたのである。

このような状況下で、21年6月に閣議決定された「総合物流施策大綱（2021－2025）」では、物流DX策として、「労働力不足や非接触・非対面の物流に資する自動化・機械化の取組の推進（倉庫等の物流施設へのロボット等の導入支援等）」を挙げている。国は以前から「ロボット導入実証補助事業」や「自立型ゼロエネルギー倉庫モデル促進事業」等で、自動化機器の支援を行ってきたが、労働力不足、新型コロナ・パンデミックなどを契機として、さらなるロボット化を推し進めているのである。

3　自動運転車による労働力不足の解消

†自動運転の背景

自動運転車というと、米国ドラマの「ナイトライダー」を思い出す。この番組は、筆者がまだ若かりし１９８０年代に放映されたもので、その中に主人公のマイケル・ナイトとバディを組む自動運転車が出ていた。それは、「ナイト２０００」という名の車で、これをバディと表現したのは、ＡＩによって自分の意思を持ち、人と会話し、自律的な判断で走行できるからであった。基本的には、マイケルの言うことを聞くものの、時としてジョークを言ったり、反論したり、よりよい解決方法を提案したり、実際に悪に立ち向かうマイケルを助けたりしていた。ドラマ自体はとても面白く、愉しく視聴したが、すでにこの時、プロの研究者になっていた筆者は、「こんな便利な車、２０００年になっても作れないだろうな」と冷めた目で見ていた。

実際、現在に至っても、「ナイト２０００」ほど高性能な自律走行車は開発されていない。しかし、それに向けたアプローチは、積極的にみられるようになっている。ここでは、自動運転車の中でもとりわけ物流活動に直結する自動運転トラックの動向についてみていくことにしたい。

まず、ドライバーを必要としない自動運転トラックが、なぜリアルな物流現場で求められているのか。ＳＦちっくなドラマ内ならいざ知らず、なぜ実際に多額のコストをかけて、開発・実証実験等がなされているのか、その背景について明確にしておきたい。

この理由は、物流業界がドライバー不足だからである。序章でも記述した通り、物流は3Kの不人気職種で、恒常的にドライバー不足の状態にある。現状（23年1－3月期）で、ドライバー不足を意識している物流事業者は、65・4％あり、今後については、72・7％が不足すると悲観的にみている（全日本トラック協会「第121回トラック運送業界の景況感」）。

実際、ドライバーの不足数は、25年には52万3380人、30年には57万5440人まで拡大するという試算もある（公益社団法人鉄道貨物協会「令和4年度本部委員会報告書」23年5月）。さらに、有効求人倍率も、2・48で、全産業平均1・22の2倍以上になっていて、入職者が少ないのが現状だ（厚生労働省「一般職業紹介状況［令和5年3月分及び令和4年度分］について」）。つまり、ドライバーはなり手が少なく、今後ともその数はどんどん減っていく可能性が高いのだ。

もちろん、この動向に歯止めをかけるため、賃金を上昇させたり、外国人の雇用を増やしたりといったことも考えられるが、いずれの方法でも物流費の高騰は避けられないのが定説だ。近年でも人件費は、運送費のうちの45・0％（20年）、46・5％（21年）、43・1％（22年）を占めている状況で（全日本トラック協会「経営分析報告書（概要版）」23年5月）、これ以上のコストアップは許容できないのである。

さらにコストに関しては、物流業界は特に厳しい現実に直面している。それは燃料費の高騰だ。ロシア・ウクライナ戦争と産油国OPECプラスの減産を契機としてトラックの燃料である軽油も上昇し、20年8月の115・7円／リットルから23年9月の165・8円／リットルまで値上がりしている（資源エネルギー庁「石油製品価格調査の結果」23年9月4日）。

このような厳しい状況下で、人間労働をロボットに置き換えよう、できる限り省人化しようということが喫緊の課題となり、その一つの解決策が「自動運転トラック」の開発・導入だったのである。主な動向についてみていこう。

†自動運転トラックの動向

冒頭で「ナイトライダー」に登場する自動運転車「ナイト2000」について触れたが、実はこのドラマよりもずっと以前から自動運転車の開発は行われている。どういった仕組みか、あるいはどのレベルで捉えるかによって異なるが、「無線操縦」という形での自動運転車なら1920年代初頭から存在する。

電波を使った無線操縦は、米軍によって航空機、魚雷などで使われてきた。これが自動車に応用され、無人車が誕生したのが、1921年8月である。オハイオ州デイトンのマクック空軍基地で、無線航空の技術者が実演を行っている。この時の車は、全長が2・5メートルと小型の三輪車だった。写真で確認すると、トロッコのような形状で、荷物や少人数の人間なら運べそうだが、自律走行車ではない。その車には確かに人は乗っていないのだが、軍用トラックが、30メートル後方から追従し、無線操縦していたのだ。つまり、ラジコン自動車の大型版だ。

同様の方式で、公道を走った最初は、「アメリカン・ワンダー」だ。ホーディナ・ラジオ・コントロール・カンパニー（Houdina Radio Control Company）が25年に、無線による遠隔操縦により、無人車をニューヨークのブロードウェイで走らせている。

その後、地下埋設型の電子制御道路により運転が自動制御される方式（50年代）や、コンピュータ搭載の視覚誘導型方式（80年代）などが登場し、運転の自動化が進化していった。後者の嚆矢《こうし》となったのが、筑波メカニカル・エンジニアリング・ラボが開発した路上認識型自動運転車である（77年）。これは、搭載した2基のカメラによって、路面上の白線を認識し、時速32キロで走行できたという。

以上のような自動運転車の歴史を語っていくときりがないので、ここでは、自動運転トラックに関し、その展開と現在地を明らかにしてみたい。

２０１４年時点で、ドイツのダイムラーは高度な半自動運転車を構想していた。それは、トラックにセンサー、ステレオカメラ、レーダーなどの感知装置を搭載したもので、障害物があると自動で回避し、下り坂があれば減速するというものだった。ただし、これは無人ではなく、悪条件（天候不順、悪路）の折には、ドライバーが運転を代わるという方式だった。

15年のメディアリリースでは、高速道路を時速80キロで走行可能であると発表した。これは、高速道路での半自動運転における商用トラック初の快挙である。

自動運転トラックの用途は、主に長距離輸送か、鉱山・港湾といった限定エリア内での輸送が想定されている。上記のダイムラーは長距離輸送を目指して主に高速道路運行に的を絞ったが、限定エリア内輸送にターゲットを絞った企業もある。それは、スウェーデンのボルボで、同社は16年に地下鉱山を走行する自動運転トラックを開発している。このトラックの卓越したところは、１３２０メートルもの地下のゴツゴツの悪路で、７キロも自動走行することができた点だ。当然、こんな地中深いところに電波は届かず、遠隔操作は不可能だ。このトラックは、ＬｉＤＡＲ（Light Detection And Ranging）を用いて、坑道内にレーザー光線を当て、それの反射光とセンサーを頼りに、対象物との距離を計測して走行した。このような過酷な環境下での自動運転トラックの開発・販売は同社が世界初である。

同年、自動運転トラック企業のオットー（Otto）は、高速道路を使って世界初の「商業輸送」を成し遂げている。実に5万個ものビール缶を、コロラド州ラリマー郡の郡都フォート・コリンズからエルパソ郡のコロラド・スプリングスまで、約２００キロの長距離輸送を行っている。残念ながら、この自動運転トラックは、完全な無人運転ではなく、ドライバーもトラックに乗り込んでいたのだが、輸送中、運転には一切携わらなかったという。

自動運転トラックによる長距離輸送の記録はその後、さらに塗り替えられた。エンバーク・トラックス（Embark Trucks）も、オットーと同様に完全無人運転ではないものの、アメリカ横断、実に約３９００キロもの超長距離移動を成し遂げている。これが18年2月のことである。西海岸のロサンゼルスから東海岸のジャクソンビルまでの超長距離の移動にあたって、高速道路ではトラックが自動運転を行い、人や信号など障害物の多い街中ではドライバーが運転した。このような実績が評価され、同年7月にはセコイア・キャピタル（Sequoia Capital）から比較的大きな資金援助（約33億円）を受けている。

その後、同社は雪道のような悪路でもスムーズに自動運転可能なＶＭＦ（Vision Map Fusion）の特許出願、ナスダックへのＳＰＡＣ（Special Purpose Acquisition Company）上場など、積極的な商用化に取り組んでいたが、道半ばで頓挫しそうである。23年3月に全従業員の7割のレイオフを決定している。

自動運転トラックによる超長距離輸送への取り組みは中華系メーカーも積極的である。19年にはエンバークに続いて、Plus, ai（智加科技）がＳＦホールディング（順豊控股）と提携し、米国横断を行っているのだが、その距離はなんと約４５００キロにも上った。さらに、21年には、中国国内（蘇州－敦煌）で３０００キロ超の走行実験も行っている。

日本国内の自動運転トラックの開発は相対的に遅れていて、三菱ふそうトラック・バス株式会社が、ＳＡＥ（Society of Automotive Engineers：米自動車技術会）が定める運転自動化レベル2の大型トラックを発表したのは、19年10月のことで、これがこの仕様では日本初である。このトラックは、「スーパーグレート」といい、トラックの前部に付けたレーダーと認識カメラにより前方の状況を把握し、車線の情報を解析することで、ステアリングを自動でコントロールすることができた。

ここでSAEが分類する運転自動化レベルについて、簡単に触れておきたい。

・レベル0……自動運転の技術がまったくない状態
・レベル1……加速か減速の制御を自動でする状態
・レベル2……加速・減速または操舵の両方を自動で行う状態
・レベル3……決められた条件下ですべての運転操作を自動化しているが、非常時にはドライバーが運転する状態
・レベル4……決められた条件下で、すべての運転操作を自動化している状態
・レベル5……なんら条件はなく、すべての運転操作を自動化している状態

レベル3以下は、関与の程度こそ異なるものの、いずれも人間のドライバーが必要になる。しかし、レベル4以上は、トラックが自律的に運転を行うもので、人間の関与はほぼなくなる。上記の「スーパーグレート」の場合は、アクセルとブレーキの制御に「プロキシミティ・コントロール・アシスト」が、ステアリングの制御に「レーンキープ機能」が搭載されたレベル2の大型EV自動運転トラックである。この車両は21年にバージョンア

ップし、ドライバーのハンドル操作をモニターして異常を感知すると、警告を発し、改善されない場合、緊急停止する「エマージェンシー・ストップ・アシスト」を追加し、安全性能を向上させている。

中華系の TrunkTech（主線科技）は21年時点で、すでに自動運転レベル4のトラックを市場化している。これは、主に港湾の物流拠点のような限定エリアで使用するものであるが、同年10月時点で100台以上の納車を果たしている。

EC企業の雄、アマゾンは、前記エンバークの自動運転トラックの実証実験にも参加しており、配送の自動化・効率化を目指して、多様な投資を行ってきている。例えば、オーロラ・イノベーション（Aurora Innovation）への出資だ。アマゾンは、オーロラが持つAIを中核に据えた滑らかな自動運転技術を高く評価し、19年に約600億円もの巨額投資を行っている。オーロラには、電気自動車で有名なテスラで「オートパイロット」を手掛けたスターリング・アンダーソンが在職しており、16年の創業ながら瞬く間に、フォルクスワーゲン（18年提携、しかし19年に解消）、現代自動車（18年提携発表）、同傘下の起亜自動車（19年提携）、フィアット・クライスラー・オートモービルズ（19年提携）、パッカー（21年提携）、そして21年2月にはトヨタ、デンソーとも提携している。オーロラが開発する「オーロラドライバー（Aurora Driver）」という自動運転の仕組みは、23年6月に「Beta 6.0」にバージョンアップされ、テキサス州ダラスからヒューストンまで自動運転トラックの実証走行が行われている。ただし、これも完全な無人運転ではなく、ドライバーが後部座席に控えていて、トラブル発生時には人が対応できるようにしていた。

アマゾンの最大ライバル、小売業界の王者ウォルマートも自動運転トラックには積極姿勢を見せており、素晴らしい成果を上げている。同社は、19年に本拠地のあるアーカンソー州で、20年からはルイジアナ州においても自動運転トラックでの納品活動を完遂している。ボックス型トラックを開発するガティック（Gatik）との提携により成し遂げたこの取り組みの画期的なところは、公道での「完全無人運転」という点だ。当然のことながら、検証段階ではドライバーが同乗していたが、21年からは約11キロの距離をまったく自動運転トラックのみで配送しているのである。

これはECの台頭が著しく、ウォルマート自体、リアル店舗の他にオンライン販売も行っていて、アマゾンなどとの競争が激化しているからである。ダークストアから各店舗までのミドルマイル配送の低コスト化は、同社にとって喫緊の課題だったのである。

しかしながら、細い道の多い日本の街中では、ミドルマイル配送は障害物が多く難しそうだ。上記の通り、自動運転トラックの用途は当面、高速道路を使った長距離輸送か、鉱山・港湾といった限定エリア内輸送が主になると思われる。このような限定エリアでの成果はすでに出つつある。自動運転システムの開発を行うT2は、23年4月に高速道路（東関東自動車道谷津船橋IC－湾岸習志野IC）でのトラックの自律走行に成功しており、6月には三菱地所との間で物流ネットワークの構築を目指すことで合意している。

将来的には、三菱地所が開発を計画する「次世代基幹物流施設」（京都府城陽市）内に、モビリティプールを設置し、ここから日本の大動脈がレベル4の自動運転トラックによって結ばれることが構想されている。

†隊列走行トラック

上述の単体ベースの自動運転とは異なるが、複数のトラックを追従させる形であたかも一本の巨大トレーラーのように走らせる取り組みもみられる。これは、「隊列走行」と呼ばれるもので、トラック同士をV2V（Vehicle-to-Vehicle）で直接通信させ、ADAS（Advanced Driver-Assistance Systems：先進運転支援システム）によって車両を制御することで、一定の車間距離を保ちながら一体的に走行するものである。

このシステムでは、先頭車両に人間のドライバーの乗車が必要だが、後続車両はADASによって稼働するので必ずしもドライバーを乗せる必要がない。そのため、運搬する荷物量対比で人件費のカットが実現する。とりわけ、「物流の2024年問題」で提起されるドライバー不足の問題、疲労による危険運転の問題、および空気抵抗によるエネルギー消費の問題等もこれにより緩和される可能性がある。

隊列走行は2016年に、ドイツのダイムラーやMAN、スウェーデンのボルボなどが高速道路を使い国境を越えた隊列走行を行っている。ダイムラーは、3台のトラックをWi-Fiで繋ぎ、シュツットガルトからロッテルダムまで無事隊列移動している。

日本でも16年から豊田通商が積極的に隊列走行の研究に取り組み、19年1月からは新東名高速道路で後続車無人の実証実験を行っている。協調型車間距離維持支援システム（Cooperative Adaptive Cruise Control：CACC）、GPS、LiDARトラッキングなどを駆使して、3台のトラックが車間距離10メートルを取りながら時速70-80キロで走行したという。

ソフトバンクは、通信キャリアの本領を発揮して、5G技術を活用し、隊列走行を支援している。それは、「5G News Radio（5G-NR）」というもので、これにより隊列を組むトラック同士が直接通信できるようになった。それ以前は、一度必ず基地局を経由しなければならず、通信の遅延が起こると同時に、トンネルや坑道などの閉鎖空間では繋がらない可能性があった。ところが、ソフトバンクは、5G－NRを開発することで、複数のトラック間を直接繋ぎ、無線区間の遅延時間を1ms《ミリびょう》（1000分の1秒）以下とする低遅延通信に世界で初めて成功している（19年公表）。

　また、隊列走行に関しては、「日本」の快挙といえる出来事があった。新東名高速道路での公道初の実証実験をはじめとするこれまでの積極的な取り組みの一つの成果として、隊列走行に関する日本の「国際標準」の提案をISO（国際標準化機構）／TC204（ITS 高度道路交通システム）／WG14（走行制御）に19年4月に提出し、それが22年9月に発行されたのだ。

　これにより、隊列運行管理機能（車両間および隊列走行管制室が情報を共有し、隊列の形成／加入／離脱を行う機能）および隊列走行制御機能（車両間で加減速情報等を共有し、CACCをベースに、車間距離維持、車線維持、車線変更などの走行を行う機能）等の日本発の「標準化」が国際基準となり、諸外国のトラックとの混成隊列走行が可能になった。

†自動配達ロボット

新型コロナ・パンデミック明けに、ファミリーレストランに行ってちょっと驚いたことがある。情報化のさらなる高度化と自動配達ロボットだ。席に着くと、料理の注文はタブレットをタップして行い、出来上がった料理は自動配達ロボットが運んできてくれたのだ。筆者が体験した配達ロボットは、トレイを4段内蔵した縦型のロボットで、ゆったりとしたスピードで客席に近づくと、音声ガイドとともにトレイが回転し、料理を取りやすくしてくれた。また、レジも自動化していて、店員を介さずカードや現金で支払うことができた。オートレジは、以前からスーパーで体験していたものの、レストランの支払いがオートレジになるとは隔世の感がある。

自動配達ロボットは、捉え方によって何種類かに分類することができる。例えば、デリバリー条件の違いに基づいて、屋内（敷地内）配達と屋外配達に分けられる。また、屋内配達も、物流センター内のルート運搬と上記のレストランの例のような最終消費者向けの配達サービスがある。もちろん、屋外配達も、スーパーの仕入れ本部から各店舗へと向かう社内・グループ内配達とラストワンマイルでの商品配達のような最終消費者向けの配達サービスがある。

企業内における自動化された配達・運搬手段に関してはすでに多くを述べているので、ここでは、ラストワンマイルの最終消費者向けの自動配達ロボットについて主なものをピックアップしてみたい。

なんと言っても最初に取り上げたいのが、ロボット開発企業ZMPの「デリロ(Deliro)」である。これは、全長962ミリ・全幅664ミリ・全高1089ミリのボックス型の4輪ロボットで、制御をつかさどる頭脳の部分に「IZAC」(自動運転用のソフトウェアプラットフォーム)を搭載している。最大50キロの荷物を、最高時速6キロのスピードで自律配達する。同社の想定している用途は、宅配、移動店舗、プレゼント、そのほかクリーニングの集配や夜の見回りまで非常に多岐にわたっている。これらの用途に合わせて、後ろ開きの1ボックスタイプ、横開きの4ボックス・8ボックスタイプがある。

この配達ロボットの興味深い点は、ボックス前部に装着された眼と音声で人とコミュニケーションが取れる点にある。まさに「ロボット」そのものだ。同社は、2017年から自走式配達ロボットの実証実験を続けており、この分野では老舗の部類だ。しかし、取り組みは斬新で、世界初の「コンビニ商品配達サービス」にも取り組んでいる。これは、ローソンとの連携で、慶應義塾大学湘南藤沢キャンパスで行われている実証実験である。配送までのプロセスは次の通りだ。まずユーザーがスマホで商品と配達場所を指定し、カード決済をする。次にコンビニの店舗スタッフがデリロに注文品を積み込んで配送させる。配送地点に近づくと注文者に通知が届き、デリロとのコミュニケーションを通じて商品を受け取ることができる。そして最後に、注文者のスマホに表示されたＱＲコードをかざして受け取りを完了し、デリロは自律的に帰路につく。

大学構内での実証実験は米国でもみられ、ロビー・テクノロジーズ（Lobby Technologies）は、飲料メーカーのペプシと提携して、パシフィック大学構内で、「Snackbot」という配送ロボットを稼働させている。

ラストワンマイルの物流の無人化は、小売業者の夢である。その夢に向かって積極的に取り組んでいるのがアマゾンだ。物流合理化に向けた同社の取り組みは、多岐にわたり、トライアル・アンド・エラーをずっと繰り返している。自動配達ロボットの開発もそのうちの1つで、同社は「アマゾン・スカウト（Amazon Scout）」というロボット配送を19年1月からワシントン州スノホミッシュ郡で開始している。

システムとしては、消費者がアマゾンのアプリを使ってスマホやＰＣから商品を注文すると、40センチ四方くらいの6輪の小型自動配送ロボットが注文品を内部に保管して自宅前まで届けてくれるというものだ。目的地に向かって歩道を自律的に走行し、障害物を感知すると回避することができ、人を介さないコンタクトレスなので、新型コロナ禍では、安心の配送方法と捉えられていた。ただ結論だけ記すと、この取り組みは、23年1月に中断している。400名もいたといわれる開発スタッフも別部門に異動してしまった。

「アマゾン・スカウト」のロボット配送よりやや先行する形で、イギリスでもそれに類似した6輪のロボットが自動配送を行っていた。それは、スターシップ・テクノロジーズ（Starship Technologies）によって開発されたもので、ミルトン・キーンズで18年4月から実働に供している。発注・配送システムはおおよそどこでも同じだが、ユーザーがスマホアプリを使って商品を注文すると、店舗から配送ロボットが注文者の希望地点まで届けてくれるというものだ。最大積載量は18キロとやや少な目だが、ZMPのデリロと同じ時速6キロで配送してくれる。19年からは米国バージニア州のジョージ・メイソン大学内でもこのロボット配送を行っている。

「ラストワンマイル物流」は、小売業者だけの問題ではない。最終消費者への配送は、物流専業者や郵便局も頭を痛める課題である。米国物流大手のフェデックスは、この課題に対峙し、「FedEx SameDay Bot」という自動配達ロボットを開発した。これは、カメラやセンサーを搭載して周囲の状況を認知し、障害物があると回避しながら配送先に荷物等を届けるもので、一見するとどこにでもみられるボックス型の配送ロボットのようである。だが筆者が着目するのは、走行条件をほとんど気にしないという点だ。通常、自動配送ロボットの場合、悪路や段差などが障害になり、運行できなくなることが多い。とりわけ段差の許容度は、例えば、5センチとあまり高くなく、野外では乗り越えられない場面も多々ある。ところが、「FedEx SameDay Bot」は、この段差をほとんど気にしなくて済むのである。さすが、雪、泥、砂利をものともせず、階段すら登ることができる電動車椅子「iBot」を生み出したディーン・ケイメンが共同開発者に名を連ねているだけのことはある。この方式はロボットによる屋外配送の実用性を一気に高めたものと評価することができる。

日本郵便は、郵便物の配達要員不足や高層階のオフィスビルやマンション内への配送などの問題に悩んでいた。これらの問題を解決すべく、比較的早くから自動配送に関心を示しており、実際にこれまで多様な実験を繰り返してきている。ここではその象徴となる年賀状の配達について紹介したい。22年1月1日、東京都中央区の日本橋郵便局から、ボックス型の配送ロボットによって年賀状が配送された。ロボットは上述したZMPの「デリロ」をカスタマイズしたもので、目的地に向けて自律移動したのである。

また、同社は、同年10月からオフィスビルへの郵便物をロボットで自動配送する実験にも取り組んでいる。これは、ライス・ロボティクス（Rice Robotics）社が開発した「ライス（RICE）」という自律走行型の配送ロボットを利用したものである。この配送ロボットも、これまで述べてきたものとほぼ同様のシステムで、管理者が宛先に向けて箱型の配送ロボット「ライス」内に郵便物などを積み込み、目的地をセットして実行ボタンを押すと、自律走行が始まる。通路の選択や障害物の回避はもちろんのこと、驚くべきはエレベーターの自律操作も可能な点だ。これにより高層階への郵便物の自動配達も可能になっている。「ライス」の配送システムは、多彩な利用方法があり、ビル内に入店しているコンビニエンスストアから商品を注文して、オフィスの自分の席まで届けてもらうこともできるし、部屋数の多いマンション内やホテル内の各部屋への荷物の配達も同様に行える。

†ロボット化は物流の救世主となるか

物流センターや倉庫内の自動化は前記の通り、かなり進展し、省人化の成果を上げてきている。しかしながら、自動運転車に関して、とりわけ屋外配送においてはまだクリアすべき課題が多い。

とはいえ、自動運転車は魅力的である。どこに魅力の源泉があるかといえば、人に負担やストレスをかけない点にある。人がわざわざ運転しなくても目的の場所にロボットが連れて行ってくれたり、荷物を運んでくれたりするから気楽なものである。一般人にとっては年中、タクシーに乗っているようなものだ。事業者にとっても、レベル5の完全運転自動化を達成した車両を保有したなら、行き先さえ指定すればどこへでも自動で荷物を運んでくれるし、エネルギー代だけで1日24時間の稼働も可能なので、「ドライバー不足」や「人件費高騰」の呪縛から解き放たれる。

ただし、現状でそれが実現しているかと問われれば、その答えは否である。残念ながら、世界中で長期間にわたり、この分野に多大な心血が注がれてきたにもかかわらず、レベル4運行は限定されたエリア内だけだし、レベル5は「夢のまた夢」の状態である。この分野におけるロボット化は、いまだ物流の救世主になるには至っていないのである。

†自動運転への5つの課題

なぜ自動運転には100年にも及ぶ長い歴史があるにもかかわらず、微々たる進捗しかみられないのだろうか。このあたりの問題点について箇条書き的に整理しておきたい。

① 採算性の問題……自動運転車が省人化、無人化を目指しているのであれば、それの導入・運用の経費と人間のドライバーの人件費カットとの比較の下で採算性は捉えることができる。しかし上記の通り、いまだ自動運転車は公道上ではレベル4が端緒についたばかりなので、ある程度人間の管理・制御が必要になる。無論、自動化されている部分だけ人間の労働力や疲労感は軽減するものの、いまだ相当程度人間が関わっているので、人件費は発生し、採算は取りにくい。また、自動配達ロボットもこれまで公道で使用する場合には、人間の配達監視員が付き添っていて、完全な無人運搬ではなかった。これでは、人件費カットは極めて困難である。

例えば、隊列自動走行車の開発を専門にする米国のペロトン・テクノロジー（Peloton Technology）は、従来システムより先頭車両で4・5%、後続車両では10%以上の燃費効率を達成したと公表している。だが、日本と異なり米国の隊列走行では2台目以降も運転者が乗車するのが一般的だ。このような形式だと本当にコストカットになっているのか詳細に分析してみないとわからない。

② 技術面の問題……屋外で自動走行する場合、多様で不確実な障害が常時つきまとう。悪路や悪天候はもちろんのこと、人やペット、自転車、電動キックボードなど不規則な動きをするものも多い。もちろん、これらに対処するためカメラやセンサーの高度化、膨大なデータ収集とシミュレーションなどが行われているが、「屋外」が持つ「不確実性」を完全にコントロールすることは難しいようだ。

③ 用途限定の問題……公道でのレベル5の走行は困難としても、上述の通り、レベル4での自動運転はすでに現実化し、採算の取れる成果を上げている。中国の主線科技は、天津港ではすでにトラックの完全自動運転化を達成しており、ドライバーどころか、トラックの監視員すら必要なくなったと公言している。ただし、これが可能なのは、トラックの可動域が限られた半閉鎖空間だからである。スウェーデンのボルボが「坑道」で、ドイツのダイムラーが「高速道路」で自動運転トラックを稼働させているのも同様である。一般の公道と違って、これらの空間は、あらかじめ制約条件がかなり限定されていて、障害物も少なく、「不確実性」を相当程度封じ込めることができるからだ。このような限定用途での自動運転車の利用はさらに普及していくことだろう。物流センター内

のAGV・AMRによる運搬、日本郵便の建物内の自動配送、そしてファミレスの自動料理運搬などもこの範疇に入る。

④ 性能面の問題……これは技術面の問題ともいえるが、自動配達ロボットに固有の問題でもあるので、あえて別項目で特記しておきたい。ラストワンマイルの物流に、この機器の活用が有力視されているが、屋外での利用はやはり難しい。それは上記の「不確実性」の問題もあるが、それとは別に機構自体に内在する問題も存在する。現在、日本で出回っている自動配達ロボットはわずか10センチでも段差があると、登ることができない。しかし、日本の道は段差だらけ、階段だらけである。こうなると配達域はおのずとかなり限定されたものになる。また歩道を走る都合上、高速配送はできない。現在、時速6キロ程度の速さが普通だが、これだと商圏はせいぜい1キロ程度といわれている。よほど発着地点を分散化し、自動配達ロボットの数を増やさない限り、広域をカバーすることはできない。

さらに決定的な問題は、ユーザーの利便性の阻害にある。注文通り、自動配達ロボットが荷物を届けに来てくれても、ロボットはあくまで目的地の前までしか走行せず、到着したことを通知するだけなので、その後の処理はユーザーにまかされている。もしもユーザーが不在だったり、玄関先まで出ることができなかったりした場合、荷物は持ち帰らざるをない。無論、再配達はできるだろうし、宅配ロッカーに入れることができれば再配達の必要もなくなるだろう。しかしながら、ボックス型の自動配送ロボットには手足が付いていないので、その種の処理どころか置き配すらできない。注文者には絶対に在宅していてもらって、荷物を約束通り受け取ってもらわなければならないのである。

これらの問題の根本的な解決策になるのかどうか現状ではわからないが、一つの興味深い取り組みがある。それは、米国の有名自動車メーカーのフォードが手掛ける二足歩行型配達ロボットだ。2019年から実証実験を行っている。これは簡単にいえば、手足の付いた人型ロボットに自動配達を行わせるというものである。これが有効に稼働したなら、玄関前まで荷物を運び、インターホンを鳴らして荷物を届けることができる。またもしもユーザーが受け取れない場合にも、人型ロボットならば宅配ロッカーへの納入や置き配も可能だ。このロボットにより再配達の手間が省けるのである。

自動掃除ロボットのルンバがそうだが、障害物の少ない二次元の対応は可能でも、机上の整理や本棚のホコリを除去することはできない。これが、三次元的動作が可能な人型ロボットなら解決可能である。限定された条件下の省人化ならいざ知らず、「完全な省人化」のためには、やはり人間を代替し、それ以上の能力を発揮する人型ロボットの完成が必要ではないだろうか。それでこそロボット化は、物流の真の救世主となると筆者は考えている。

⑤　法整備の問題……レベル4以上の自動運転に関する法整備に関して、日本はこれまで「遅れ」が指摘されてきた。ドイツでは、21年5月に連邦議会がレベル4にかかわる法律を可決し、フランスでもほぼ同時期に同レベルを含んだ法改正がなされている。日本では、18年4月に「自動運転に係る制度整備大綱」が公表されその後、道路交通法、道路運送車両法の改正がなされて、20年11月にレベル3の公道走行が容認された。しかし、レベル4の公道走行が可能となる改正道路交通法の施行は23年4月になってからである。もちろん、全世界的にみれば十分早い方だが、世界一の自動車輸出大国・日本（22年）としては、後塵を拝している感が否めない。

日本の公道でのレベル4走行は、「特定自動運行主任者」という車の遠隔監視を行うオペレーターの配置が義務付けられており、当該人員は映像や音声を視聴して、トラブル発生時には速やかな対応をとらねばならない。無論、レベル4なのでドライバーが車両に乗り込む必要はないものの、レベル5ではないので走行範囲は特定され、完璧に人の手を離れるわけではない。ただ、特定自動運行主任者は実際のドライバーの「運転」ほどの肉体的・精神的負担はなく、かつ1人で複数の無人車両の管理を行うことができるため、確実に人件費カットを実現できる。これがレベル3車にはなかったレベル4車の優越性である。

実際、すでにこのタイプの「公道無人運転」は実働に供している。福井県永平寺町では、23年5月から乗客を乗せた無人カート輸送が行われている。これは、国土交通省が認可した最大7人乗りの電動カートを使って、京福電気鉄道永平寺線の廃線跡地2キロを有料（片道大人：100円、中学生以下：50円、未就学児は無料）で稼働している。筆者の印象では、中国の主線科技の天津港での無人トラックのようなエリア限定の無人運転車といったイメージである。確かに鉄道の廃線が増える地方の交通弱者にとって「地域の足」としてこの種のカートは有用であり、政府も25年までにこの種の無人カートの稼働地域を50か所以上にしたいという意図があるようだ。

しかしながら、現時点ではまだ実験的な色彩が強く、23年10月には、止まっていた自転車と接触事故を起こし、運行を中止している。またこの取り組みはあくまでもレベル4の「カート（バス）」の無人化であって、いわゆる「物流」の無人化ではない。今後の物流車両への応用・適用は十分可能であるとは思うが、本格的な「物流の救世主」に育つまでにはまだ時間がかかりそうである。

第四章

災害と物流――大震災の教訓、コロナ禍・露ウ戦争下の流通

1　大震災と物流

２０２３年９月は、関東大震災から１００年の節目に当たった。地震大国・日本では、能登半島地震（２０２４年）のような巨大地震が今も頻繁に起こっている。次の数字をみれば歴然である。11年から21年までのマグニチュード６・０以上の巨大地震の累計数は、２９１回であった。その間に全世界はというと、１５８６回である。つまり、日本の巨大地震回数は世界の18・３％を占めていたのだ（アメリカ地質調査所ＵＳＧＳと日本の気象庁

のデータを基に筆者が独自算出）。累計数を数えるのも嫌になるほど多い地震大国・日本では、これまでの大地震により津波や火災が発生し、インフラが破壊され、ライフラインが切断され、物流が滞ることによって、人命にかかわる甚大な災厄が生み出されてきた。

そのうちでも人的被害がとりわけ多かった阪神淡路大震災（１９９５年）と東日本大震災（２０１１年）を取り上げ、それらが日本の物流業界にどれほどのインパクトを及ぼし、物流の改善や進化へと向かわせたのかを明確にすることにしたい。

†阪神淡路大震災と物流

１９９５年1月17日、午前5時46分に起こった阪神・淡路大震災は、マグニチュード7・3、最大震度7の非常に巨大なもので、死者・行方不明者６４３５人、負傷者4万３７９２人（内閣府）もの大惨事を引き起こした。電気・水道・ガス・電話などのライフラインは広範囲で断絶し、鉄道や道路などの交通インフラも破壊され、物流は一時的に麻痺状態に陥った。

国（農林水産省）は、被災者向けに震災3日後の20日に、米３０００トン、乾パン10万食、即席麵93万食、水１０００トン等の緊急支援物資の供給に取り組んだ。

しかしながら、物流のためのルートや車両がきちんと確保できなければ、物資は届けられない。警視庁は大震災発生の翌日（1月18日）から、緊急輸送車両以外の車両の通行を制限し、通行可能な道路の交通渋滞を防いだ。また、輸送のスピードアップを図るため、緊急輸送車両をパトカーが先導した。このパトカー先導による輸送は、約2400回を数えたという（『阪神・淡路大震災復興誌』総理府・阪神・淡路復興対策本部事務局、p17）。

陸上輸送に関する措置として、有料道路の通行料が免除されている。これは全国が対象で、1月19日付で建設省道路局有料道路課より、「救援物資」を運搬する車両の通行に関しては、料金を徴収しない旨を発した。当初、この措置の期間は1か月程度とされていたが、深刻な事態が長引き、4月18日まで延長された。

実際の物資の輸送にあたっては、被災者の生存に必要な水、食料等の輸送のため、早くも震災当日には、トラック団体に車両の使用が要請され、全日本トラック協会や日本通運などのトラック事業者が積極的に協力した。コープこうべも700台以上の小型トラックを稼働させた。震災1週間後くらいからは民間ボランティアの協力も得て、2月末までに延べ数で約1万2000台のトラックが出動したという（『阪神・淡路大震災復興誌』p18）。

また、災害時独特の流通形態もみられた。通常、食料品は、生鮮食品、加工食品を問わず、卸売業者および小売業者を経由して消費者へ届けられる。しかしこの緊急事態には、メーカーから消費者に向けて直接配送がなされていた。製パンメーカーの山崎製パン、敷島製パン、フジパン、神戸屋、第一屋製パンなどが総菜パン、菓子パンなどを、そして乳業メーカーの雪印、明治、森永が牛乳を避難所へ直送した。特殊事情下とはいえ、まさに「直接流通」、「高速輸送」の極みであった。

震災時独特といえば、コンビニエンスストアの特殊な物流もあった。最大手のセブンイレブンは1月18日からオートバイ便を出し、生活物資の配送を開始している。

†面目躍如たる航空輸送

道路の不通、および緊急事態による高速輸送の要請から空路も使われた。それを担った機体が、ヘリコプターである。ヘリコプターは、障害物の少ない空中を高速で移動できるため人や物の移送には大変便利だが、飛行場以外の場所で離着陸する場合の許可手続きが面倒だった。しかし、この折には、大阪府や姫路市内等の7地点と被災地域内の17地点の間のヘリコプターによるシャトル輸送体制を構築している(『震災対策の充実のために―阪神・淡路大震災の教訓を踏まえて』総務庁行政監察局、p144)。

ヘリコプターによる緊急物資輸送は、1月20日から開始され、自衛隊、警視庁、消防などが医薬品、飲料水、食料等の救援物資の他、医師やレスキュー隊員の輸送を行っている。2月5日までに出動した消防・防災ヘリコプターによる輸送活動は延べ827回に上り（『平成7年版防災白書』国土庁、p45）、緊急時の物流手段として面目躍如の活躍であった。

†神戸港全滅でダメージを受けた海上輸送

海上輸送面では、大震災により、神戸港が大打撃を受けてしまった。コンテナの積み下ろしには不可欠のガントリークレーン（レールを移動する大型額縁のようなクレーン）は、53基が全損し、使えるものは7基だけになったという（https://www.jstage.jst.go.jp/article/jinnavi/125/0/125_KJ00005001056/_pdf）。同港は、一極集中型の巨大港で、コンテナの取扱量は当時、全国の約3割を占めていたので、国内外の海上輸送に大きなインパクトを与えた。近畿や四国の取引も神戸港にかなり依存していたので、大打撃を受けた。コンテナの振替輸送は約1か月で、東京港で6000TEU（20フィートのコンテナ1個分を1TEUという）、日本海側の舞鶴港で364TEUに上った。

倉庫もラックの倒壊や在庫品の落下などが起こり、この震災での倉庫の補修・建て替えや設備機器のコストに671億円、保管貨物の被害で359億円かかったという（運輸省発表）。港湾施設もそうだが、物流倉庫にもその後、強力な耐震構造化が図られた。

荷役はクレーン船や船に装着してある小型クレーンを使って、徐々に復旧していったが、年中無休の本格荷役がスタートしたのは、4月に入ってからのことである。

物流面では、大地震で全滅してしまった神戸港の代替として、姫路港、東播磨港等が利用され、緊急支援生活物資やライフライン復旧のための資材の供給がなされた。その他、農産物の輸送のためにフェリーの増便などがなされている。また、海上保安庁は282隻の巡視船艇と115機の航空機を稼働させ、飲料水、食料品、日用品、毛布、医薬品などを輸送している（『海上保安の現況（平成7年10月）』海上保安庁、p16）。

†物流管理と情報管理の問題点

メディア等で凄惨ともいえる甚大な被害を目の当たりにして、全国から大量の緊急救援物資（食料、水、衣類等）が届けられた。実際、物流に使われた車両は、震災発生から1か月間で、全国から集積基地までが5000台以上、集積基地から避難所までが3000台以上にも上る（『阪神・淡路大震災——兵庫県の1年の記録』兵庫県、p258）。

しかしながら、これだけの機動力をフル稼働させながらも、避難者に十分な物資が届かなかった事実がある。それは、主に配送先と配給物資のミスマッチによって起こった物流管理の問題と筆者は考えている。

例えば、ある避難所では、震災発生日の夜半になっても、お握り150個、リンゴ2箱しか届かず、ほとんどの被災者が食事にありつけなかった。この避難所では、なんと1000人以上の人々がいたのに、これだけの量しか配給がなされなかったのだ。また別の避難所では、パンが十分あると判断して校庭に並んでもらって配り始めたが、途中から足りなくなるのが分かり、半分に減らして配ったものの、ついになくなってしまった。その後が「悲劇」で、パニックになった大人が子供の持っていたパンを略奪したり、怒った避難民が配給に当たっていた教職員を蹴ったり、という異常事態になった(『震災を生きて――記録　大震災から立ち上がる兵庫の教育』兵庫県教育委員会)。人間、極限状態に置かれると、社会性を喪失し、生存本能にのみ支配されてしまうことを垣間見る怖しい事実といえる。

このような目を背けたくなるような事態を生み出した原因は、もちろん需給ギャップにある。需要に対して、あまりにも供給が少ないがゆえに起こった悲劇だ。それではなぜ、このような供給不足が起こったのだろうか。もちろん、大震災による輸送ルートの分断により供給自体が滞った面もある。だが、筆者はそれ以上に物流管理が十分できなかったことに問題があったように思う。

上記のように、応援車両が全国から関西地方に集まった。だが、この地方独特の交通事情の複雑さにより、どのようにして目的の避難所に運べばよいのかそのルートがわからないドライバーが多かった。このような事態に対処するため、地元の自治体職員がトラックドライバーの水先案内人となり、避難所に直行することになった。この物流対応が、上記の物資の需給ギャップを生み出す一因にもなっていた。水先案内人が指示したのは、幹線道路沿いの大規模な避難所が多く、場所によっては物資が余り、また場所によっては上記のような物資不足というアンバランスを生み出してしまったのである。

また、配給物資の中身のミスマッチに関しても一言言及したい。これは筆者が直接聞いた話なのだが、全国から届いた物品の中に「ムームー」が入っていたという。これは主にハワイの女性がフラダンスを踊る際などに着用する衣装で、日本で一般的に着られる服ではない。ましてや冬の真っ只中の1月17日に着られるようなものでもない。薄手の木綿生地で、半袖だからだ。「これって、家でタンス在庫していた不用品の処分ですよね」と筆者と話した人は苦笑していた。

支援は、被災地からの要請の有無で、プル型とプッシュ型に大別できる。後に詳しく述べるが、要請に基づく供給が前者で、要請がない状態で一方的に送られてくるのが後者である。災害直後の支援は大部分が後者で、上記の例は個人ベースでのプッシュ型支援では起こりがちなことともいえる。だが、こんなものに貴重な物流リソースを使うとはなんと勿体ないことか。

適切な場所に適切な物品を輸送できるよう周到な物流管理と情報管理の必要性を痛感する次第である。

2　1995年から2011年の物流進化

†東日本大震災で活躍したトラック配送

冒頭に記した通り、地震大国・日本では、全世界で起こるマグニチュード6以上の大地震のうち2割近くが発生している。とりわけ注目すべきは、2011年の数値で、この年、全世界の累計回数は205回であった。それに対し、日本ではなんと114回も起こっている。驚くべきことに全世界総数の55・6％、半数以上を占めていたのである。この年は、この巨大数値以上に、日本人は凄惨な体験を強いられた。

11年3月11日午後2時46分、三陸沖を震源とするマグニチュード9・0という超巨大地震が東北、関東地方を襲ったのである。この規模は、西暦1900年以降の全世界の観測史上4位、もちろんわが国では1位を記録している。

最大震度7、死者・行方不明者2万2318名、負傷者6242名、住宅全壊12万2039戸、半壊28万3698戸。死者・行方不明者は、阪神淡路大震災の約3・5倍にも上った。また、被害額も桁違いで、ストックの被害額は、建物等（住宅・宅地、店舗等）約10兆4000億円、社会基盤（河川、道路、港湾、下水道、空港等）2兆2000億円、ライフライン施設（水道、ガス、電気、通信・放送施設）約1兆3000億円、その他もろもろ含めて合計約16兆9000億円にも上った（内閣府政策統括官・防災担当調べ）。

東北・関東の太平洋岸は壊滅的打撃を受け、平常水面から40・1メートルもの高さ（ごく一般的なマンションで13階）まで這い上がる異常津波の影響で、港湾、鉄道、道路などのインフラが破壊され、電気、ガス、水道などのライフラインが切断された。また、13メートル超の大津波に見舞われた福島第一原子力発電所は、停電し核燃料の冷却不能により、メルトダウンを引き起こした。これらの結果、避難者数も最大で約47万人に達し、避難所数も2400か所以上設営された。

避難所への緊急物資の配送には、トラック、船舶、鉄道、航空機などさまざまな物流手段が使用されたが、トータルの輸送量面で最も運搬能力を発揮したのはトラックだった。トラックには、食料品、水、毛布等が積み込まれ、避難所へ配送された。3月11日の震災発生時から4月20日までの期間に、食料品1897万7000食、飲料水460万2000本、毛布45万8000枚が配送されている。全物資輸送量に占めるトラック輸送の割合をみると、食料品で約72%、飲料で約58%を占めている。道路事情が悪かったとはいえ、即応性に優れ、小回りが利き、避難所まで直接到達できるトラックの優位性がいかんなく発揮された事実といえる。

†重要なルートの分散化

ただし、実際の災害時に、トラックだけを大量動員すればよいというわけではない。代替手段の準備も当然必要だ。大震災によってサプライチェーンが分断され、もしもわずか1本しかない供給ルートが絶たれてしまったならば、モノは届かなくなってしまう。このような事態を回避するため、物流に携わる人々は、常にルートの分散化を図る必要がある。

オーラルケア商品を作るサンスターは、東日本大震災の折、フェリーを使ってモーダルシフト的対応をとっている。これは、日本海側の福井県の敦賀港から新潟港や秋田港に海路を使って商品を移動し、そこから陸路で太平洋側へ物資を届けるという形だった。日本通運も、陸上での輸送が困難な場合には、船舶を利用するという形でモーダルシフトをとっているという。被災していない港湾からの船舶輸送は、支援物資の供給面で有効性を持っている。震災後に必要となったガソリン、ディーゼル、重油などの燃料油は、新潟港、秋田港などの日本海側の港湾に届けられ、そこからタンクローリーで被災地へ向けて陸送されている。

また被災直後のことではないが、東日本大震災の避難指示区域に指定されていた福島県南相馬市で、EC企業の楽天が、2016年5月からドローン配送を行っている。これは、コンビニエンスストアのローソンとコラボして、ドライフーズをローソンの移動販売車両へ届けるものであった。このケースの背景は様々あるが、震災を一つの契機として、陸上や海上のルートの部分的な代替手段として、空中ルートへの分散化がなされたと捉えることができる。

†物流関連施設の分散化と強化

事前に代替ルートや代替物流手段を考えておき、トラブル発生時に、素早くそれらに着手できるようにしておくことは重要である。こうしておけば、「備えあれば、憂いなし」状態になる。しかし、冒頭に記した通り、日本は世界有数の地震大国である。ごく稀にしか「緊急事態」が起こらないのではなく、年中どこかしらで、「緊急事態」が起こっている。太平洋プレート、フィリピン海プレート、ユーラシアプレート、北米プレートといった巨大な4枚のプレートがちょうどジグソーパズルのピースのように嵌まり込み、その表面上に日本列島が存在しているような形だからだ。

それゆえ、緊急対応的なルートの分散化よりコストはかかるが、物流関連施設自体の分散化や強化も必要な場面がある。東日本大震災の折に、日本通運は新潟に給油拠点を設けたという。これにより、西日本から被災地へ入る際には常時、新潟の給油拠点を経由することで、物流の機動力を維持できた。また、アサヒビールは、この地震の影響で茨城工場の自動倉庫が機能不全状態になり、製品出荷だけでなく、製造も滞ってしまった。震災11日目の3月22日には暫定復旧したものの、この事態の教訓として、新潟に臨時のディストリビューションセンターを構築している。同社は、さらにコンピューターセンターの増設も行っている。それ以前は、横浜だけに集中させていたものを神戸にも新設することで、情報流通の円滑化を図ったのだ。

また幾度もの震災を経験して、商品を備蓄しておく物流センターの軀体構造自体の見直しも行われている。これは、建屋の耐震性の向上、水害の程度を考慮した地盤のかさ上げ、災害時に使用できる非常用電源の完備などである。例えば、プロロジス（Prologis）の「プロロジスパーク猪名川1・2」では、建物の免震構造はもとより、約8000平米に及ぶ防災広場を配備し、ここからドクターヘリの発着も可能にしている。その他、非常時の発電システムも万全で、地下に巨大なオイルタンクを備えることで、最大約14日分の電力供給が可能となっている。

†安心備蓄の発想

物流合理化のために、施設の大規模化・集中化やロボット化が唱えられている。それに異論はないし、筆者自身別章でそれの必要性を述べてきた。だが、それはあくまで平常時が前提で、非常時・緊急時はまた別だ。とりわけ、天災が多く、非常時・緊急時の多発する日本では、常軌的な危機管理が不可欠である。これは余分な経費というより、防災保険のような必要経費と考える方が妥当だろう。

例えば上記のアサヒビールのケースのように、物流施設を増やせばそれの建設費や人件費、維持費がかかるだけでなく、トータル在庫数量の増加による在庫コストも付加されることになる。しかしながら、起こりうるリスク回避のために場合によっては、あえて在庫を増加させるといった発想も重要であろう。いわゆる「安心備蓄」の発想だ。

東日本大震災時の避難所には、地方自治体の食料備蓄がわずか3割程度しかなかったといわれている。総務省消防庁の調査（「地方防災行政の現況　令和3年度及び令和4年4月1日現在における状況」）によれば、2021年4月1日時点で都道府県が保有する公的備蓄量は、乾パンが約52万食、インスタント麵類約31万個、米約3648トン、缶詰（主食）約66万缶、缶詰（副食）6万缶、飲料水約3024キロリットルが備蓄されている。

対比として、大震災翌年の2012年4月1日時点の数字をみると、乾パン約193万食、インスタント麵類約120万個、米約1647トン、缶詰（主食）約31万缶、缶詰（副食）約27万缶、飲料水約1364キロリットルである。米、缶詰（主食）、飲料水のような基礎物資の備蓄量は増加しているものの、それ以外のインスタント系食品の備蓄は明らかに減っている。

公的備蓄は市町村も行っているので、こちらも記しておこう。21年4月1日時点では、乾パン約754万食、インスタント麺類約15万個、米約2万2424トン、缶詰（主食）約143万缶、缶詰（副食）約96万缶、飲料水約2万2505キロリットルとなっている。

同様に、12年4月1日時点の市町村による公的備蓄量は、乾パン約1175万食、インスタント麺類約7万個、米約5044トン、缶詰（主食）約398万缶、缶詰（副食）約163万缶、飲料水約2万3765キロリットルとなっている。都道府県の数値とは対照的に、インスタント麺の備蓄は増加し、缶詰のそれが減少している。

以上をみると、公的備蓄量の変化はモノによってまちまちで、必ずしも時代を経たからといって増えているわけではない。ただ、「在庫は圧縮するもの」といったスリム化一辺倒の発想は次第になくなってきていて、「災害時に備えた在庫はきちんと保有するべき」というメリハリをつけた適正在庫の方向へ向かっているようにみえる。

†足を引っ張る共同化

災害時の物流の共同化について、一般論とは異なる見解に触れたので、ここに記述しておきたい。通常、共同化は、輸送、荷役、保管などを共同で行い、同時に標準化や情報共有を行うことで、規模の経済性を実現でき、コストカットに貢献すると考える。実際、トラックの混載を可能にし、積載効率を高めることができるので、「物流の2024年問題」解決のための一手法にもなっている。震災のような緊急時には、いよいよ多様な組織が一致団結して無駄なく行動することが重要と思われるのだが……。

そうはいかないようなのだ。トイレタリー業界は、販売会社（メーカー保有の卸売企業）を持つ花王を除いて、各社が伝統的な問屋を通じて、小売店舗に商品を流通させていた。物流に関して、各社バラバラにやるよりも一本化すれば、スケールメリットが得られる可能性がある。そこで、ライオン、エステー、サンスター等の出資によって、共同物流を行う新会社「プラネット物流」が1989年8月に設立された。この共同化の取り組みにより、小規模分散的に立地する地方の配送は効率的になったという（荒木協和「トイレタリー業界の共同物流における災害時の課題と対策」『物流問題研究』70号、2021年）。

ところが、災害時には、この「共同化」が足を引っ張ってしまった。共同倉庫では、相乗りする各社の公平性を期すため、倉庫の一部でも損傷が出ると、それの復旧を最優先しなければならない。つまり、正常に出荷できるメーカーの商品も足止めを食らってしまうのである。この事例は実際に東日本大震災の時に起こったことだが、共同化により埼玉倉庫からの出荷が実に5日間も停止したというのだ。これでは、緊急の物資輸送は成立しない。他社との同一歩調を重視する共同化は、フレキシブルな対応力を阻害する面があり、緊急時にはかえって無用の長物になってしまうのだ。その後、サンスターでは、災害時には単独での物流対応を実行しているそうである。

とはいえ、巨大な震災が起こり、避難所が分散化して一社ベースでの対応が不可能な場合、やはり共同化は必要であろう。上記はあくまで、共同する参加者が各社への遠慮から対応が遅れた悪いケースだ。その原因は、参加者が上下関係のない平等の原則に立っていて、恐らく強力なリーダーシップを発揮できなかったことにある。災害のような緊急事態には、誰がリーダーシップを執るのか、そのルールを決めておくことが必要であろう。

緊急時のルール化は、別の意味でも重要だ。前記の通り、避難所への緊急支援物資の供給には、プッシュ型とプル型というものがある。前者は、主に国が物資の必要量を推定し、調達して輸送するもので、被災直後に行われることが多い。これに対し、後者は、被害を受けた地方自治体からの要請によって物資を調達し、輸送するもので、被災後少し時を経ってから行われるのが一般的だ。

このプル型の物資要請は1週間後くらいから順次増加してくるが、多箇所から同時に要請がくるようになると、優先順位付け、あるいは医療でみられるトリアージ（緊急度に応じた搬送や治療の優先順位付け）を実施しなければならなくなる。そのような事態を迎えるとまさに、ルール化が必要であり、かつそれに基づいて迅速に意思決定できるリーダーが必須になる。残念ながら、東日本大震災の折にも、このようなルール化は末端の物流事業者まで浸透することはなく、ラストワンマイル（最終目的地の避難所）へ向けた物流活動は混乱する事態がしばしば起こった。

†情報ネットワークと「見える化」

情報化に関しては、いまさらその中身を説明しなくとも、誰でもその必要性・重要性を理解しているだろう。今時、スマートフォンやインターネット、SNSのない世界を想像することとすらできないほど、それらはわれわれの生活に密着した不可欠なインフラとなっている。大震災はこの不可欠のインフラをも破壊してしまうのだ。これに対処するため、物流業界では、通信障害を起こしにくい衛星電話の導入・活用が進んだ。これにより、リアルタイムでの通話がしやすくなったのである。

東日本大震災では、建造物の崩壊、道路・港湾の破壊、地盤沈下、ダム決壊、原子炉のメルトダウン、停電、断水など、およそ考えられうるありとあらゆる災厄がわれわれを襲った。このような極限的状況下では、情報共有を可能にし、在庫情報、物流状況、災害時のルート情報などを同期し、さらに「見える化」を図ることができれば、迅速な対応が可能になる。これらの的確な情報は貴重なリソースとなる。

例えば、トラック輸送の際には、道路が壊れていたり、崖崩れで道が閉鎖状態になっていたりした場合、どのようなルートを通って避難所へ向かえばよいのかわからないことが往々にしてある。そのような時に、的確な交通情報を「見える化」してくれていると非常に有用だし、効率的な配送が可能になる。

実はこの大震災で日本の力を改めて見直したことがある。何かというと、高速道路の復旧作業の速さだ。震度7にも及ぶ超巨大地震で崩落・大規模クラック・陥没した東北道、常磐道、磐越道など20路線、延べ854キロを、なんと1日足らずで修復してみせたのだ。実際、3月11日午後3時前に起きたこの地震の結果大破した主要道路を、翌12日の早朝には仮復旧を終え、救援車両の通行が可能になっている。道路が車線の流れに沿うように縦割れを起こし、人の背丈ほど断層が剝き出しになった常磐道や完全に陥没して巨大段差ができた東北道の画像を見るとその大地震の凄まじさがわかると同時に、それを1日もかからずに全線開通してみせたNEXCO東日本の力業には恐れ入るばかりである。

しかしながら、高速道路が復旧しても、電信柱が倒れ、瓦礫の散乱する街中の細かな道路を走行するのは困難を極める。正確かつ詳細な道路情報が入手できないと、せっかくトラックを仕立てても、荷物が避難所に届かない。阪神淡路大震災と同じく、東日本大震災の折にも、同じ問題が浮上したのだ。トラック事業者が警察やそれこそNEXCOに問い合わせても、的確な道路情報は得られなかった。

このような被災時独特の道路情報を伝える「マップ」の作成は、ホンダが先行し、07年に発生した新潟県中越沖地震で試験稼働していた。本格化したのは、東日本大震災発生直後からで、本田技研工業は「通行可能道路実績マップ」、トヨタ自動車は「通れた道マップ」という名称のナビシステムを公開した。両メーカーとも、自動車に搭載されたカーナビやセンサーから得られるプローブデータ（Probe Data）を地図に落とし込んで、通行可能な道路を示すものだった。

いずれもクローズド・システム（自社車両限定）ではあったものの、効率的な輸送には非常に有効な手段で、それ以降も震災の度に活用されることになった。

†物流プロフェッショナルの育成

大震災後の「避難所」というと、食料品や飲料水などの必要物資が不足していて、人々は困窮の極を舐めているとイメージする。確かに、震災の度にこのような悲惨な経験を多くの被災者たちが被ってきた。

だが場所と時期によっては、逆に物資が多過ぎてどうしてよいかわからないといった「贅沢な悩み」を抱える所もあった。「物資の偏在」の問題である。全国から緊急支援物資を載せたトラックがやってくると、集積所付近の道路は交通渋滞を起こしたり、荷下ろしに長時間待たされたりする「物流問題」に直面する場所もあったのだ。このような事態を打開するため、国土交通省は、物流のプロを被災地に派遣するよう要請している。

日本がいかに地震大国・震災大国とはいっても、個々の被災地をみてみると、過去の見聞を活かせるような実体験者は少なく、また対応のための物流手段も揃っていないところがほとんどである。災害時の避難所には公立学校の体育館が使われることが圧倒的に多く、東日本大震災時にも622校が活用された（国立教育政策研究所調べ）。このような学校施設に緊急支援のトラックがやってきて、体育館に物資を運び込むことになるのだが、当然パレットもフォークリフトも無い場所なので運搬はすべて人力に頼ることになる。自治体の職員が中心になってどうにか物資の搬入を終えたとしても、次に行わねばならない重要な課題が、「仕分け」であった。

ただし、物流末端における仕分け・配給には限度がある。乳児のいないところに紙おむつが大量に届いても末端では捌きようがないからだ。そのようなミスマッチを防ぐために、やはり重要なのは、その一段階前の集積所での仕分け業務だ。だが、これは被災自治体の職員の手に余る仕事で、避難所の位置、規模や属性構成(男女比、年齢構成等)に応じて的確な物資選択と数量決定、さらには配送スケジュールの立案が必要になる。

これはまさにプロフェッショナルの仕事で、全日本トラック協会や倉庫協会から物流のプロが、宮城県に1-3名(3月14日-)、岩手県に1名(3月11日-)、福島県に2-3名(3月13日-)、茨城県に2名(3月24日-)派遣され、避難所のニーズ把握、仕分け、保管、配送などに従事した(全日本トラック協会「東日本大震災における緊急支援物資輸送活動の記録(概要版)」、13年9月)。

東日本大震災の折に、それ以後の模範となる傑出した物流改革がなされているので、是非とも紹介したい。それは岩手県に登場した。全国から大量の支援物資の到着に、在庫スペース面で苦慮していた同地は、トラック協会の発案で東北自動車道滝沢ICから2キロの場所にある岩手産業文化センター「アピオ」を集積拠点として利用することにした。ここは、催事場が3600平米、付属展示場が2800平米にも上る広大な空間があり、フォークリフト、パレットなど荷役に必要な物流機器が自在に稼働可能であった。ここに荷物が届くと、早速仕分けがなされ、すぐにトラックに積み込んで配送に回す。大量の荷物が届くので、なるべく短い在庫時間で荷物を捌いて迅速配送するクロスドッキング方式がとられた。このような災害時に物流プロフェッショナルが、コンベンション施設を一時集積拠点として活用し、迅速な荷役と配送を実現した物流システムを、その県名を取って「岩手方式」という。

従来、物流なんて所詮、「荷物を運ぶだけ」の単純な仕事と考えられてきたが、いざやってみると地方自治体職員の直感では不具合ばかりが発生し、結局実行不能になることが明らかになった。大災害を経験することで、避難所のニーズに合った適切な仕分け、荷物の特性に応じた荷扱い・保管、計画的な配送、状況に応じた臨機応変なドライビング・テクニックなど高度な技術がなければ効率的で効果的な物流は稼働しないことを特に被災地では思い知らされたのであった。

東日本大震災以降も、熊本地震（16年）、北海道胆振東部地震（18年）、能登半島地震（24年）など大きな災害が発生している。このような状況下で、全日本トラック協会は19年から、「災害物流専門家」の育成に取り組んでいる。これは、拠点の物資運営や配送を含めたコーディネーターを養成するもので、大災害発生時の物流の円滑化に寄与する人材の輩出を目的としている。

ところで、多くの震災を経験し、実際に被害を受けた企業は災害に対するリスクマネジメントの重要性を再認識している。多くの企業が、災害対策計画（BCP：Business Continuity Plan）および災害対策マニュアルの策定に取り組んでいる。菓子メーカーのブルボンは、BCPの取り組みとして、震災発生時に工場から全国11の物流センターへの幹線輸送の代替ルートについて物流事業者と意思統一しているという。また、医薬品卸のメディパルホールディングスは、震災によって公共交通機関や交通網が寸断された時に備え、事前に輸送の代替手段として緊急用バイクを配備している。

物流のBCPは、LCP（Logistics Business Continuity Plan：ロジスティクス持続化計画）といわれることがあるが、日本国というマクロを対象としたLCPのためにも、上記の「災害物流専門家」の育成と活用は今後、不可欠な重要対策になっていくと思われる。

3　新型コロナ禍と物流

突然降ってわいた新型コロナ禍の影響は思いのほか大きかった。ニュースが出た当初は、エボラ出血熱やジカ熱のような「ああ、遠い所でそういう新しい病気が出てきたんだ」程度の感覚で、いずれ感染は収まり、記憶からも消えてしまうだろうと軽く考えていた。

ところが燎原の火のごとく瞬く間に感染が広まり、世界レベルでパンデミックの様相を呈すると、これは尋常じゃないと思うようになった。とりわけ、筆者が直接被った被害は、大学の春学期の開校が2か月も遅れ、大教室での講義が原則、「対面」でできなくなったことだ。もちろん感染を避けるためだが、それからが苦難の連続だった。「テレワーク」、「リモートワーク」といえば聞こえは良いが、少人数間の会議ではなく、履修する約300人もの学生に向けて、「講義動画」を配信しなければならなくなったのだ。動画作成など長い人生で一度も経験したことのない筆者には、撮影、編集、配信といった作業は本音で言って血を吐くような思いだった。もちろん、教えてくれる人など誰もいない。動画ソフトを買い、ネットで使用方法を学び、静かな時間帯を選んで撮影を終え、編集して、どうにか、こうにか動画を配信した後には、「視聴できない」、「音が聞こえない」といったクレームが毎日のように届いた。当時は、早くこの災厄が霧散して欲しかったし、2020年3月に大学を退いた知人が心底羨ましかった。

非営利組織の「教員」のレベルでこれである。多くのステークホルダーと良好な関係を築かねばならない営利組織はさぞや大変だっただろうと推察する。実際調べてみると、物流業界も、この災厄には相当苦慮したようだ。

以下では、新型コロナ感染症によって物流はどのようなダメージを受け、それに対してどのような対応をしたのか、主なものをピックアップしたい。

†サプライチェーン分断と3PL

矢野経済研究所の発表した『物流17業種総市場調査』によると、物流17業種の全市場規模は2020年が20兆4405億円であり、新型コロナ・パンデミック発生前の17年と比較し、約1兆5000億円の減少である。とりわけ、20年は、新型コロナ禍によるサプライチェーンの分断に加え、米中貿易摩擦の影響によって、港湾運送の混乱やコンテナ不足が発生したことで海運需給は逼迫した（矢野経済研究所調べ）。

海上貨物輸送に関しては、上記の通り、コンテナの不足による需給バランスが崩れることで、運賃が大幅に上昇し、国際貨物輸送にも深刻な影響が出た。また、航空貨物に関しても、国際線が大幅減便されることにより輸送量が激減した。

日本郵便と佐川急便が21年9月に、国際宅配便事業等で、協業することに合意している。これは「飛脚グローバルポスト便」と命名されたサービスで、日本郵便が実施している国際スピード郵便サービス「ＥＭＳ」を佐川急便の窓口で取り扱うことができるようにするものであった。これにより、全世界１２０か国以上の国や地域に小口荷物の配送が可能になった。これは新型コロナ感染症によるロックダウンに対峙し、世界市場に活路を求めた取り組みといえる。

他に、新型コロナ禍が航空物流に変化をもたらしたケースがある。物流専業者のヤマトＨＤと日本航空が提携し、航空貨物専用機を導入する計画を22年1月に発表した。新型コロナが起こる前には、貨物専用機は貨物需要の変動によりなかなか採算がとりにくいという定説があった。しかし、日本航空は、コロナ禍で旅客便にも類似の変動があることを知り、小型貨物専用機でヤマトＨＤの宅急便を輸送することに決めたのだ。

ところで、新型コロナ禍にもかかわらず、逆に伸長している物流事業がある。それは、

3PL（Third Party Logistics）だ。これは、「荷主企業に代わって、最も効率的な物流戦略の企画立案や物流システムの構築の提案を行い、かつ、それを包括的に受託し、実行すること。荷主でもない、単なる運送事業者でもない、第三者として、アウトソーシング化の流れの中で物流部門を代行し、高度の物流サービスを提供すること」、と「総合物流施策大綱（2005−2009）、05年11月に閣議決定）」において定義されるもので、メーカーや卸売業者、小売業者などの物流業務を代行・受託するビジネスのことである。

この3PL市場はずっと拡大傾向にあり、対前年比でみると、19年が4％増、新型コロナ真っ只中の20年でも5％増を記録している（月刊『ロジビズ　特集3PL白書』22年9月）。なぜ、災害発生時にこのような高成果を上げられたかというと、グローバル・サプライチェーンがコロナ禍によって脆弱性を露呈し、物流における効率性と信頼性が求められるようになったからである。このような要請に対し、3PL事業者は、サプライチェーンのマネジメントと物流の実行において専門的知見を提供し、サプライチェーンを修復するのに役立ったのだ。

また、リスク回避の視点も重要である。例えば、ファーストパーティー（メーカー）が、自前で物流センターの保有、在庫管理、配送、リバースロジスティクスなどを一からやろうとすると非常に手間と時間がかかるが、3PL事業者にこれを依頼すれば、需要に応じた物流サービスの提供を迅速にしてもらえる。つまり、3PLを利用すれば、自ら保有する狭い範囲のリソースに依存して失敗するリスクを回避し、よりフレキシブルで強靭な物流システムを我が物にできるのだ。物流という絶対に必要だが困難な課題をアウトソーシングすることで、ファーストパーティーは安心してコアの仕事に専念できるのである。それゆえ、新型コロナによってサプライチェーンが分断されるような危機の時にこそ、このような代行ビジネスがリスク回避の真骨頂を発揮するのである。

†消費パターンの変化とコンタクトレス物流

新型コロナ感染拡大の過程で、消費パターンに大きな変化がみられた。顕著に見られたのが消費の「まだら模様」である。当然、ロックダウンによる外出規制によって消費が減退した分野と、対照的に高揚した分野があった。

まず、新型コロナの消費支出面へのインパクトについてみてみよう。総務省の「家計調査」によれば、トータルの消費支出（2人以上世帯）は、2019年12月のピークから20年5月までに、21・6％の減少をみている。その後、若干の回復があったものの、ボトムの20年5月から同年11月までの間では、10・6％しか戻らなかった。

同じ期間を費目ベースで細かく見てみると、食料品、住居費、光熱・水道費などは、その支出額にほとんど変動がない。これらは、ライフライン関連であり、「必要不可欠型消費費目」なので新型コロナ禍でも大きな変動なく消費されたといえる。

対照的に、「不要不急型消費費目」は、コロナ感染者の増加とともに消費支出は減少している。20年4月7日発出の緊急事態宣言以降、消費額が顕著に落ち込んでいて、とりわけ「被服及び履物費」、「家具・家事用品費」、「教養娯楽費」の落ち込み幅が大きい。

この「不要不急型消費」についてもう少し掘り下げてみよう。経済産業省の「商業動態統計速報」に基づいて小売流通の業態別売上高をみると、生鮮品を扱うスーパーの売上高が高い水準を維持している。19年9月から20年11月までの推移をみると、百貨店や家電量販店などが軒並み低下しているのに対し、スーパーはこの間、約8・9％の上昇を示しているのだ。「まだら模様」の消費パターンが明白にみられる。

日本チェーンストア協会の「チェーンストア販売統計」に基づいて、チェーンストアの品目別販売動向をみても、必要不可欠型製品と不要不急型製品の消費パターンのまだら模様は顕著な様相を呈している。第一次緊急事態宣言が出された20年4月には、「農産品」

や「畜産品」などの食料品の販売額が同年1月に比べて約20％の上昇をみたのに対し、「紳士衣料」、「婦人衣料」などの衣料品の販売額は実に60％もの大幅下落を記録しているのである。

その他、消費者の「巣ごもり消費」を反映したまだら模様もみられた。景気DI（Diffusion Index）をみると、特に落ち込みがひどいのはサービス業で、「旅館・ホテル」、「飲食店」、「娯楽サービス」は大幅な落ち込みとなった。そのうちでもとりわけ「旅館・ホテル」は、激落状態で、20年1月には40弱くらいだった数値が、4月には1・5まで低下している（帝国データバンク「景気動向調査」）。飲食店を含め、新型コロナ・パンデミックによるロックダウンや「3密回避」がこのような結果をもたらしたといえる。

好対照だったのが、ネットショッピングの増加である。家から出にくくなった「巣ごもり消費者」は、スマートフォンやPCを使って商品を購入するニューノーマル消費を身に着けた。アマゾン、楽天などのECの急成長およびその理由については、主に序章、第二章に記述した通りだが、新型コロナ・パンデミック期に焦点を当てても、第一次緊急事態宣言以降（20年4月）の支出額が顕著に増えている（総務省「家計消費状況調査」）。

以上、この時期の消費のまだら模様を貫くキーワードの一つが、「コンタクトレス」というものだろう。新型コロナの感染を防ぐため、なるべく他人との接触を避ける行動が一般化した。居酒屋・外食、ライブ・映画などの3密業種が避けられ、EC、ライブコマース、ネットスーパー、オンラインエンタメ（例えば、ネットフリックス）などバーチャル施設が多用されたのである。

リアル施設をどうしても利用しなければならない場合にも、接触を最小化する方法が考案された。株式会社クロスマーケティングが20年に実施した買い物時の意識や行動の変化を捉えた調査によると、25・4％の被験者が1つの店舗で買い物を済ませたり、まとめ買いをしたりするようになったと回答している。この調査の趣旨は、同年7月から実施されたレジ袋有料化に対する購買行動の変容を問うものだったが、時期的に新型コロナ・パンデミックが影響したと推察できる（「レジ袋有料化に関する調査　第3回」）。

また、支払いの非接触化も進展している。全国スーパーマーケット協会の「キャッシュレス決済に関する実態調査」によれば、キャッシュレス決済比率は、19年9月15・5％、同年12月29・6％、20年2月31・9％、同年6月36・7％、と確実に高まっている。もちろんカード決済にはポイントの付加などの誘因もあるが、新型コロナ感染拡大によって誰が触れたかわからない現金をなるべく忌避しようとするコンタクトレス行動の傾向も読み取れる。

物流関係のコンタクトレス化も、倉庫内ロボット化、自動運転車、ドローン配送、宅配ロボット、置き配・宅配ロッカーなど多岐にわたり、その中身に関しては主に第三章に述べた通りである。これらの取り組みは、ドライバー不足や効率化のための無人化・省人化、再配達コストの圧縮等、さまざまな狙いを持っているが、新型コロナウイルスの感染防止という目的も併せ持っていた。とりわけラストワンマイルの配送は、ロボット化が難しく、現状でも人の手を介することが多い。不特定多数の人々に荷物を手渡しする最終の配達員は、まさに「エッセンシャルワーカー（欠くべからざる人材）」で、いつ感染者や感染媒介者になるかわからない。今後とも物流のコンタクトレス化は推進すべき重要な課題といえよう。

†ECの成長とフィジカルインターネット

新型コロナ禍によるECの成長が、従来あまり語られることのなかった用語に脚光を当てることになった。それが、「フィジカルインターネット」である。これは、ポール・マーキリーが『エコノミスト（*The Economist*）』誌（06年6月17日号）に「インターネット上の情報と同じように、財も今後ますます効率的に世界中を移動するようになる」さまを捉えて、編み出したターミノロジーだ。

この用語の意味するところは例えば、トラックの低積載率を、複数企業間でシェアリングすることによって高めていこうとする点にある。小口荷物需要が激増し、ドライバー不足が声高に叫ばれているにもかかわらず、稼働するトラックの荷台にはいまだ6割強「空気」が載っている日本のトラック物流には、耳の痛い言葉といえる。

語尾に「インターネット」という用語が付いているのは、パケット交換によって1つの回線を通じて複数のデータを送受信できるインターネットの通信方式に物品の移転をなぞらえたからである。ドライバーが、トラックを運行すれば、必ず人件費や軽油代がかかるのだから、複数の企業のなるべく多くの荷物を積み込んで稼働させた方が合理的だというのが発想の原点にある。

21年6月に閣議決定された『総合物流施策大綱（2021-2025）』でもこの概念は、「貨物情報や車両・施設などの物流リソース情報について、企業間情報交換における各種のインターフェイスの標準化を通じて、企業や業界の垣根を越えて共有し、貨物のハンドリングや保管、輸送経路等の最適化などの物流効率化を図ろうとする考え方（フィジカルインターネット）が注目を集めている」、とその重要性が指摘されている。

フィジカルインターネットの実例としては、20年9月からアサヒ飲料、日清食品および日本通運の共同配送がある。飲料は高重量商品なのでトラックの荷台に2段積みができず、積載効率が良くなかった。そこで、アサヒ飲料と日清食品は協議し、両社の異なるパレットを調整し、1段目に飲料を載せ、2段目に軽量の即席麵を載せることで、効率的な混載を実現した。日本通運はその貨物を関東から九州にある両社の物流センターまで運搬するのであった。

商品の効率配送の話ではないが、人材のシェアリングによって複数の企業間でＷｉｎ－Ｗｉｎの関係を築いた興味深いケースがあるので、紹介したい。新型コロナのパンデミック時に、旅行需要の減少で日の丸リムジングループはドライバー余りの状態にあった。対照的に、食品物流会社のムロオは、旺盛な食品需要でドライバー不足に陥っていた。そんな両社が提携し、自宅待機していた日の丸リムジンの運転手を、ムロオの配送で活用する「ドライバーシェア」が実現している。

ウーバーイーツのような料理宅配プラットフォームにも、新型コロナ発生以降、自由な働き方を求めて、プロのドライバーが流れてくることがあったという。物流のハード面だけでなく、ソフト面も標準化し、共有化することによって、荷物にせよ、人材にせよ、上手に隙間にフィットさせることは、ムダのない物流を追求する観点から極めて重要な取り組みといえよう。

4　ロシア・ウクライナ戦争下の物流

21世紀が20年以上も過ぎた時代に、まさか国を挙げての本格的な戦争が起こるとは夢にも思わなかった。２０２３年10月のイスラエル・ガザ戦争もだが、なんと言っても22年2月24日に勃発したロシア・ウクライナ戦争である。ロシアが特別軍事作戦と称して、ウクライナに侵攻したことによって起こったこの人為的災厄は、世界中に物資供給不足やインフレを引き起こし、甚大な悪影響を及ぼした。

†依存と制裁の相克

大エネルギー供給国のロシアと大穀物輸出国のウクライナとが戦火を交えることによって、グローバル・サプライチェーンは大いに乱れ、かつ日米をはじめとする主要先進国が一斉にロシア制裁を発動したことで、世界の物流ネットワークにも再編を迫るほどの大ダメージを与えた。

エネルギー供給面では、とりわけＥＵ（European Union：欧州連合）に大きな打撃が及んでいる。当時、ＥＵはエネルギーの多くをロシアからの輸入に依存していたからだ。ロシアは全世界の鉱物燃料輸出の約10％（石油約12％、天然ガス約17％）を占める世界有数のエネルギー産出国であり、ＥＵは、原油輸入の約20％、天然ガス輸入の約35％、石炭輸入の約40％（ＵＮＣＴＡＤ調べ）をロシア産に依存していたのだ。

価格に対するインパクトも強烈だった。原油価格（ＯＰＥＣバスケット）については、戦争の前月（1月）が1バレル85・4ドルであったものが、3月には１１３・5ドルまで約33％もの上昇をみている。天然ガス価格はもっと凄まじく、とりわけＥＵ向けのそれは、2月が１００万ＢＴＵ（British Thermal Unit：英国熱量単位）当たり27・2ドルであったものが、3月には42・4ドル、そして8月には70・0ドルまで、なんと2月比で約１５７％もの上昇をみているのである（World Bank 調べ）。それゆえこの当時、「パイプライン」が断裂すると、「ライフライン」が途絶してしまうのではと危惧するほどの脅威があった。

実際、22年9月には、「ノルドストリーム」というロシアからＥＵへ天然ガスを送るパイプラインが破壊され、大ニュースになっている。このような背景から、COP（Conference of the Parties：締約国会議）等で進められてきた気候変動対策に反する石炭火力への回帰という時代錯誤的な議論まで出たほどだった。

また、穀物供給に関して、ウクライナの小麦輸出は有名だが、ロシアも同様の供給国であり、両国の生産量を合わせると、世界の小麦輸出の約27％、ひまわり油・種子輸出の約53％を占めていた。全世界ベースでこれだけ高い比重を占める生産国家が供給をストップしてしまえば、需要国には大変な被害をもたらす。焦点の小麦価格（United States, n°2 Hard Red Winter (ordinary), FOB Gulf ($/t)）は、22年2月の1トン389・7ドルから5月には525・8ドルまで約35％の上昇となっている（Unctadstat　Free Market commodity prices, monthly）。

この影響をもろに受けたのがアフリカで、例えば食料自給率の低いエジプトでは2021年時点で輸入小麦全体の52・0％をロシアに、25・4％をウクライナに依存していた（JETRO「地域・分析レポート　食糧高騰の背後に、ロシアによるウクライナ侵攻の影（アフリカ）」23年2月7日）。

さらに、ロシアは、窒素肥料の世界有数の生産国で、全世界の約25％を占めていた。言うまでもなく肥料は、植物の生育や穀物の生産収量に直接関わるため、これの供給が途絶えることで、全世界的な食糧危機に発展する可能性があった。

当初、EUは、ロシア制裁の一環からロシア産肥料の保険付き輸送の提供を禁じていた。EU域外へのこの種の輸送を認めると、抜け穴を作ることになるからである。しかし、この措置は事実上、ロシア産肥料の禁輸を強いるものとなり、多方面から反発が生じた。それゆえ、EU域外への輸送については保険提供を認め、ロシア産肥料の輸送を解除している。そうせざるを得ないほど、ロシアの供給力はパワフルだったということである。

サプライチェーンが機能しにくくなった理由は、この戦争により当事国が輸出入を取り止めたり、物流ルートや施設が破壊されて物理的に貨物輸送がストップしたりしたことが主だが、それだけではない。ロシアの理不尽な侵攻に対して、欧米・日本が制裁を科したからである。EUは、加盟国の港湾でロシア関連の貨物をブロックし、海上物流を遮断した。また、米国のバイデン大統領も、戦争勃発翌月の3月8日にロシア産の天然ガス、石油、石炭等の輸入を禁止する大統領令に署名している。日本も、ロシアの最恵国待遇を撤回し、機械、ウォッカ、金などの輸入を禁止し、半導体など汎用品、先端物品、ロシアの産業基盤強化に資する物品などの輸出に対して制裁をかけた。

さらに全世界約1万1000以上の銀行等が参加し、国際送金をつかさどるSWIFT(Society for Worldwide Interbank Financial Telecommunication：国際銀行間通信協会）からロシアの主要銀行を締め出したため、グローバル・サプライチェーンは、貿易面での決済に大きな支障を被った。

以上、ロシア、ウクライナ両国が、グローバル・サプライチェーンにどれだけの影響を及ぼしているのか、そしてそれの途絶がいかに大きなダメージをもたらすのかがおわかりいただけたと思う。それでは次に、物流への影響についてみていこう。

†物流へのインパクト

「戦争」勃発という状況下で、当然のことながら国際貿易を担う物流企業は対応に苦慮した。とりあえず開戦直後は、稼働の停止や制限を行わざるをえなかった。

物流専業者のヤマト運輸は、ロシア、ウクライナ、ベラルーシへ向けた国際宅急便を一時停止した。これにより、中国経由でなされるEU諸国、アフリカなどへの配達も遅延が発生した。

また、米国の著名物流業者のフェデックス（FedEx）やユナイテッド・パーセル・サービス（ＵＰＳ）も、戦時下で安全な物流活動ができないという理由で、ロシアおよびウクライナへの荷物の取り扱いを停止した。

海上輸送に関して、日本の郵船ロジスティクスは、貨物の受託を制限した。ハパック・ロイド（Hapag-Lloyd）・ＭＳＣ（Mediterranean Shipping Company）、オーシャン・ネットワーク・エクスプレス（日本郵船、川崎汽船、および商船三井の共同出資会社）なども、ロシア関連の輸送業務を中断している。

また、航空輸送に関しては、ロシアおよびウクライナ上空の空域閉鎖とロシア航空機の飛行空域に制裁が科せられたことにより、航空貨物輸送は大いに脅かされることになった。航空貨物では、圧倒的に欧米‐東アジア間の輸送が多い。その場合、時間や燃料費を考えると、ロシア上空の飛行ルートが避けられない。だが、ロシア・ウクライナ戦争によって領空飛行は不可能になったので、航空会社は迂回せざるをえなくなった。迂回ルートは、アラスカなどを通過する北回りルートとロシアの南を通る南回りルートがあるが、日本の貨物航空会社は、アラスカ経由ルートを選択した。もちろん、時間もコストも以前よりかかり、便数も制限された。しかし、海上輸送からの乗り換え、および需要増による運賃の上昇もあって、日本航空の貨物郵便部門は、23年3月期の決算実績は、前年同期比で4割弱の上昇になっている。

陸上輸送に関しては、ロシアによる海上封鎖による代替手段として、鉄道が利用された。ロシアに対する制裁も、ロシア国内を通過するだけの貨物には適用されなかったので、主に中国を起点として、この手段が用いられている。中国とヨーロッパの間で鉄道による貨物輸送量は、21年時点で146万TEUにも上る。2022年には、中国の「一帯一路」を繋ぐ国際貨物列車「中欧班列」は、23年の上半期（1－6月）だけですでに、武漢－EU諸国間の運航本数が560本であり、22年の通年本数（538本）を上回るほど増加している。

この列車は、EU諸国に向かう際には、内モンゴルや新疆ウイグルを経由するが、その過程でロシアを通過する。だが、鉄道による陸上輸送は、中国発着ということもあり、海上輸送や航空輸送ほどのダメージは受けていない。

†リスクとリショアリング

平時でもそうだが、戦時下ではなおさらのこと、「エッセンシャルワーカー」である物流業者は、生命を守るためのリスク管理と安全対策を強化する必要がある。実際、この戦争で直接戦火を浴びる事件が起きている。22年2月25日に日興汽船の貨物船「ナムラ・クイーン」が、ウクライナ南部オデッサ州の港近くでロシアのミサイルを受け、船体を損傷し、出火している。この砲撃による死者こそ出なかったものの、負傷者が1名出ている。

開戦時から黒海とアゾフ海はロシア海軍によって封鎖され、ウクライナから世界への穀物輸出がロシア有利に導くための人質に取られていた。この状況を打開するため、戦争の両当事国とトルコ、国連が参加して、穀物輸出の合意「黒海穀物イニシアティブ」が2022年7月に調印された。その後、同年11月18日、23年3月17日、同年5月18日と3度にわたって輸出合意の延長がなされてきたが、同年7月17日に自国の要望が受け入れられていないことを理由にロシアが離脱を宣言し、再び封鎖が始まってしまった。この「黒海穀物イニシアティブ」が履行されていた1年間に、ウクライナから輸出された食料等は、3300万トンにも達する。

黒海西域には、ロシア海軍の機雷が敷設されており、安全な航行が阻害されている。このような状況下では、代替の輸送ルートを考えるだけでなく、それ以上に輸入対象国自体の代替化・分散化も図らねばならないだろう。

KSE研究所の調査（https://leave-russia.org/companies-that-exited）によると、23年9

月17日現在、ロシアとの関わりを完全に停止し、またはロシアから撤退した世界の企業の数は、495社である。ただし、いまだに事業を継続している企業も1481社あり、完全な逃避状態にはなっていない。しかし、ウクライナほどではないものの、ロシア国内もドローン攻撃を受けたり、自由ロシア軍団などによる破壊活動が継続したりしている。このようなカントリーリスクが歴然とした地域には極力近づかないことが賢明である。

ロシアと「直接取引」をしている日本企業は、22年の152社から23年の113社へ25・7%の減少をみており、賢明な判断が浸透している。ロシアから輸入している品目の構成比をみると、食料品（主に海産物）が41%を占め、これに木材が11%で続いている(https://www.tdb.co.jp/report/watching/press/Pdf/p230801.Pdf：帝国データバンク調べ)。これらは、ほぼ原材料の輸入であり、これらの品目の中には、ずっと安全性の高い別の国から調達できるものも多い。物流の安全性を考えた場合、輸入相手国の選別、代替、分散は、不可欠だろう。

また、「リショアリング（reshoring)」という発想も重要だ。これは、グローバル・マーケティングの観点からコストパフォーマンスの良い海外で行ってきた生産・加工などの事業を見直し、たとえコストが割高になろうとも生産拠点を自国に移す行為である。これの目的とするところは、「効率性」よりも「安全性」の重視にあり、トータルとしての高成果を模索することにある。日本は、かつては世界一の高物価国家だったが、バブル崩壊以降、デフレ不況が進行し、かつアベノミクスによる法人税の引き下げなどもあって国内事業もコスト面で実施しやすい環境になった。その結果、現実に国内回帰もみられるようになってきている。

地政学リスクが高まるグローバル社会では、なんでも海外に依存するのではなく、安全な物流活動のためにも、「リショアリング」という発想の転換が必要だろう。

終章　新時代の潮流——SDGsを中心として

1　新時代のロジスティクス

SDGs（Sustainable Development Goals）とは、「持続可能な開発目標」のことで、2015年9月の国連サミットで採択された「持続可能な開発のための2030アジェンダ」に記載されたものである。それは、貧困、教育、ジェンダーなどの他、エネルギーやイノベーションまで全世界規模の広範な17の目標から構成され、30年までに達成すべきとするものである。

これらのうちとりわけ物流活動との関連性が高いのは、目標3「すべての人に健康と福祉を」、目標5「ジェンダー平等を実現しよう」、目標7「エネルギーをみんなに、そしてクリーンに」、目標8「働きがいも経済成長も」、目標9「産業と技術革新の基盤をつくろう」、目標10「人や国の不平等をなくそう」、目標12「つくる責任つかう責任（持続可能な消費と生産）」、目標13「気候変動に具体的な対策を」、目標14「海の豊かさを守ろう（海洋資源の保全と利用）」、目標15「陸の豊かさも守ろう（自然・生態系の保護と持続可能な利用）」、目標17「パートナーシップで目標を達成しよう」であろう。

現代は、地球全体規模で環境への配慮、安定的な資源の持続的活用、産業化やイノベーションの促進等への関心が高まっており、物流業界もそれに向けた取り組みに迫られている。投資面や経営面でも、ＥＳＧ（Environment：環境、Social：社会、Governance：企業統治）が重視され、実行に移されてきている。

以下では、物流分野におけるＳＤＧｓ達成に向けた主要な試みについてピックアップしてみたい。

†グリーンロジスティクス

SDGsの目標は上記の通り、17と多数あり、その多くに物流活動は直接関与している。それらのうちでも優先的に考えねばならないのは、目標7「エネルギーをみんなに、そしてクリーンに」の実践である。なぜならいまだ多くの物流手段が化石燃料を使用して稼働しているからである。

有限な資源を有効活用し、地球環境への負荷をなるべく引き下げるためには、この化石燃料の使用をできる限り少なくしていく努力が必要である。異常気象や地球温暖化をもたらす温室効果ガスの中でも大きな比重を占めるものにCO_2があるが、わが国のCO_2の排出量は2021年度にトータル10億6400万トンであった（環境省・国立環境研究所「2021年度温室効果ガス排出・吸収量　確報値」23年4月）。このうち、運輸部門からの排出量は、1億8500万トンにも上り、構成比で17・4%を占めていた。この運輸部門のうち貨物自動車が占める排出割合は、39・8%となっていて、かなりの規模である。ただし、趨勢的には減少傾向にあり、1996年の約1億3000万トンをピークに、01年約9600万トン、05年約9000万トン、13年約8000万トン、そして21年が7400万トンとなっている。積極的なCO_2削減努力が、着実に実を結んできているのがわかる。

現代の物流業者は、輸送コストの低減という目的もあるが、同時に燃費効率の高いトラック、ハイブリッド車、そして電気自動車（ＥＶ）なども導入することにより、「環境に優しい」対応をとっているのである。例えば、電気トラックでは、三菱ふそう・バス株式会社の「eCanter」、いすゞ自動車株式会社の「ELF-EV」などがあり、カーボンニュートラルに寄与している。

コンビニエンスストア業界最大手のセブン－イレブン・ジャパンは、この面で先進的なＥＳＧ投資を行っている。三菱ふそうの電気トラックを18年3月に3台、19年7月からはいすゞの電気トラックを2台導入して、CO_2の排出削減に取り組んでいる。それ以外にも、クリーンディーゼルエンジン車、天然ガス車、ハイブリッド車、水素を燃料とする燃料電池トラックなどを導入し、グリーンロジスティクスを実践している。22年2月時点で、全配送車両６２０８台のうち、４４２４台、割合にして71・3％が「環境に優しい配送車」となっている。

また、物流大手のヤマトホールディングスは、電動三輪車の導入に腐心している。これは、ドイツ・ブレーメンのスタートアップ企業ライトル（RYTLE）社が開発した三輪電動自転車を導入して、荷物の配送を行おうとするものである。道幅が狭く、トラックの駐車が困難な日本では、この種の小回りの利く物流手段は重宝するだろう。ボディは小型だが、後部に格納ボックスを備え、最大120キロ、宅配便荷物が約50個収納できるという。その他の「ウリ」は、電動で稼働するため、CO_2の排出がなく、環境への負荷が極めて低い点だ。現状では、着脱式の格納ボックスがネックとなって日本の公道での走行はできないが、SDGsの目標13「気候変動に具体的な対策を」に貢献するものであり、早期の実用化が望まれる。

陸運だけでなく、海運でもグリーンロジスティクスが進められている。川崎汽船株式会社は21年3月に、液化天然ガス（LNG）を燃料とする自動車専用船「CENTURY HIGHWAY GREEN」を導入している。この船は、CO_2の排出を従来の重油燃料船と比較して25‐30％、硫黄酸化物の排出をほぼ100％、窒素酸化物の排出を80‐90％削減できる優れもので、まさに環境対応船といえる。同社では、「〝K〟LINE 環境ビジョン2050」として、国際海事機関の30年の目標である「CO_2排出効率2008年比40％改善」を上回る「同50％改善」という高い目標を設定しており、同船はその一環として開発された。

また、先進事例として、上野トランステックは、船舶用の「水素専焼4ストローク高速発電エンジン」の開発・製造などを手がけるヤンマーパワーテクノロジーとともに究極のクリーン燃料「水素」を利用したゼロエミッション船の開発に取り組んでいる。これは、地球上にほぼ無尽蔵に存在する水素を燃料とする電気推進船であり、稼働してもCO_2を排出しないので、環境負荷を極限まで引き下げる物流手段といえる。

†モーダルシフトとCO_2の削減

荷物の長距離配送では、サプライチェーン内のパートナー間での連携をとり、輸送ルートや運行スケジュールの調整を図って、リレー方式の物流を行う場合がある。これは、輸送過程でトラックと船舶、鉄道などを組み合わせたいわゆる「モーダルシフト」と呼ばれるもので、これらの輸送機関のリレーにより効率的な荷物の配送と効果的なCO_2の削減を可能にすることができる。

この種の連携が有意義なのは、上記の通り、2021年度のCO_2の排出量は、貨物車が運輸部門全体の約4割を占めているのに対し、内航海運は5・5%、鉄道輸送ではわずか4・1%と低いからだ。同じ荷物を同じ距離運ぶにしても、トラックだけで運搬するより他機関とリレーした方が確実にトータルのCO_2の排出を削減できるのである。つまり、トラックに比べCO_2の排出量がずっと少ない船舶を利用することで気候変動の原因を大幅に除去できるのである。現行の長距離トラック輸送をモーダルシフトに切り替えることで、SDGsの目標13「気候変動に具体的な対策を」に貢献することができるのだ。

実際、ライオンとキユーピー、日本パレットレンタル（JPR）、関光汽船は、18年からフェリーを活用したモーダルシフトを実施している。これによりCO_2排出量やトラックドライバーの運転時間の大幅な削減を実現している。また、宮崎カーフェリーが22年から運行している「フェリーたかちほ」の新船は、トラック収容台数163台と従来のものよりも25％の収容力アップを可能にし、トラックの稼働を抑制して強力なCO_2削減効果を具現化している。

その他、上記のような物流機関間でモーダルシフトをとると、トラックドライバーの実働時間は大幅にカットできる。事実、フェリーたかちほの航路である宮崎―神戸では、トラック輸送だけだと約11時間半、フェリーを使用すると約14時間半かかるが、乗船中はしっかり休息が取れるのでドライバーの実働時間は3時間に減少する。これにより、ドライバーの長時間運転、それによる疲労事故、さらには24年4月から施行される年間960時間の残業の上限規制問題などを回避し、ブラックな職場環境をホワイト化することによってドライバー不足の解消にもつながると期待されている。

†省エネルギーとカーボンニュートラル

温室効果ガスの発生やその結果としての異常気象を抑制するため、太陽光、風力、水力、地熱などの自然由来の「再生可能エネルギー」が脚光を浴びて久しい。日本の発電電力に占める再生可能エネルギーの比率も19・8％と着実に高まってきている（22年度、資源エネルギー庁調べ：https://www.enecho.meti.go.jp/about/pamphlet/pdf/energy_in_japan2022.pdf)。だが、主要先進国の水準をみると、カナダ67・9％、ドイツ43・6％、スペイン43・6％、イタリア41・5％、フランス23・6％となっており、日本は明らかに低い水準にある。ちなみに、米国は19・7％で、わずかに日本より低いが、ほぼ同水準といえる。

すべてのエネルギーが再生可能エネルギーで賄えれば、温室効果ガスや異常気象は発生しなくなり、ＳＤＧｓの目標13「気候変動に具体的な対策を」自体、必要なくなるかもしれない。しかしながら、再生可能エネルギーは、天候に大きく左右される太陽光発電にみられるように自然現象の不確実性の影響をもろに受け、また蓄電の問題もあって供給のコントロールが難しい。再生可能エネルギーは、あくまでフロー型のエネルギーであって、化石燃料のようなストック型のエネルギーではない。それゆえ、「採掘量」のような人為的なコントロールが困難な代物なのである。

　そしてなんと言っても、最大の問題点は、コストにある。資源エネルギー庁の試算によれば、20年時点の発電コストは、太陽光12・9円／ｋｗｈ、洋上風力30・0円／ｋｗｈ、小水力25・3円／ｋｗｈであるのに対し、天然ガス火力10・7円／ｋｗｈ、石炭火力12・5円／ｋｗｈ、原子力11・5円／ｋｗｈであり、明らかに伝統的な化石燃料による発電コストの方が低くなっている（https://www.enecho.meti.go.jp/about/special/johoteikyo/denki_cost.html）。ＣＣＳ（Carbon dioxide Capture and Storage）という企業活動の結果排出されたCO_2を地中深くに埋めてしまおうという構想も比較的以前（12年）からあり、これにより大気中のCO_2を減少させようとする試みもある。

　また、カーボンニュートラル（排出される温室効果ガス量と吸収量を同じにすること）を達成するためにCO_2を人々にとって「害のある不要な廃棄物」から「有用な資源」に変えようとする試みも多数みられる。これは「カーボンリサイクル」と呼ばれるもので、例えば、工場や発電所から排出されるCO_2と水素を人工光合成してオレフィン（プラスチックの原料）を造ったり、土木資材のコンクリートを造ったり、最近ではCO_2の固定化速度の速い水素細菌を利用して化成品を造ったり、という具合である。

これらは素晴らしいＥＳＧ投資といえるがまだ発展途上で、現代の高度な経済社会を完全に支えるだけの資源にはなっていない。天然ガス、石炭、石油などの化石燃料が果たす役割はいまだ小さくないのである。それゆえ、化石燃料を使用する機器の省エネルギー対策は不可欠で、それを今後一層積極的に進める必要がある。

物流業者は、以前から物流センターや倉庫などの省エネルギー化を推進してきた。例えば、ＬＥＤ照明の導入、エネルギー管理システムの活用、断熱材の使用などである。これらにより単に電力コストの削減がなされるだけでなく、CO_2排出削減も図られてきたのだ。

23年5月に竣工した東京建物株式会社の巨大物流施設「Ｔ－ＬＯＧＩあきる野」は、太陽光パネルの実装により、施設内の電力消費量を超える電力を生み出し、余剰電力を「自己託送スキーム」という自社保有の他物件へ直接融通する仕組みを構築している。この方式は、不動産会社としては国内初だそうで、総発電量（約３８２０ＭＷｈ／年）の約58％にあたる２２１０ＭＷｈ／年を余剰電力として他施設へ融通しているのである（https://prtimes.jp/main/html/rd/p/000000219.000052843.html）。この成果により、同社は、「ＺＥＢ」という省エネルギーと再生可能エネルギーの合計で消費エネルギー以上を生み出す施設が受けられる認証の取得を目指している。このような取り組みが、ＳＤＧｓの目標7「エネルギーをみんなに、そしてクリーンに」に貢献することは間違いない。

現在、上記のソーラーや風力などの代替エネルギーの活用事例も増えている。例えば、倉庫事業者の千代田輸送でも、太陽光発電システムを導入することによって電気代の抑制に成功している。自社内の使用電力に占める再生可能エネルギー比率を高めることで、電力消費とＣＯ$_2$の排出を削減し、エネルギーコストをカットすると同時に、カーボンニュートラルへ向かっているのである。千代田輸送は、自然エネルギーを活用し、環境の悪影響を軽減したとして、一般社団法人日本ＳＤＧｓ協会から「ＳＤＧｓ事業認定証」の授与がなされている。

以上は、21世紀型の比較的新しい取り組みにより省エネルギーを実現し、ＳＤＧｓの目標を達成しようとするものである。これに対し、「大型化」という伝統的な輸送効率の向上策によって、ＳＤＧｓの目標を達成しようとする取り組みもある。

海運業では、貨物船よりも一般に、大型のＲＯＲＯ船に切り替えることで、大量輸送や荷役効率の向上などを実現している。ＲＯＲＯ船とは、貨物の積み込み（Roll on）と荷下ろし（Roll off）のためにランプウェイ（傾斜路）を具備した船舶のことで、多数のトレーラーやトラックを車両甲板に載せ、運搬することができる。フェリーも同様にこれらの物流機器を積載できるが、同時に一般の旅行客も多数乗船できる点がRORO船とは異なっている。

このような船舶の大型化によって、新規航路の開設や投入船の増配といった動きもみられる。神戸港を経由して世界各国に貨物を運ぶ「国際フィーダー航路」が22年11月から、秋田港に開設された。また、既存航路の拡充ではマルエーフェリーが19年3月から、RORO船の増配を行っている。阪神−志布志−那覇航路において、1隻・週1・5便運航を、2隻・週2便体制に強化している。当然、これらの取り組みにより、貨物の取扱量が増強され、輸送効率も向上し、CO_2の排出も減少している。

また陸運業でも、「大型化」によって輸送効率を向上させ、SDGsの目標に接近させようとする取り組みがある。それは、「ダブル連結トラック」というもので、19年3月に国土交通省はこの方式を使ったヤマト運輸、日本通運、西濃運輸、日本郵便の宅配貨物等の共同輸送のための「総合効率化計画」を認定している。「ダブル連結トラック」とは、大型トラックの荷台の後ろに別の荷台を追加することで、1人のドライバーで一度に約2倍の荷物の運搬を可能にするものだ。19年1月の特殊車両通行許可基準の改正によって、連結トラックは従来の全長21メートルから25メートルまで許可されるようになった。

上記の「総合効率化計画」では、これによりCO_2の排出量で年間216・5トン、ドライバーの運転時間で9157時間の削減が見込まれるという。さらに、積載率がフル水準になれば、輸送効率も高まり、一石二鳥ならぬ、一石三鳥も狙える可能性がある。

†標準化・共同化とユニットロードシステム

SDGsの目標達成は、企業間の連携によっても可能である。「標準化」をベースに、これを達成した模範事例があるので、紹介したい。メーカーのユニ・チャーム、卸売業者のPALTAC、小売業者の薬王堂の3社は、キャリーを活用した一貫ユニットロード化への取り組みで20年度「サプライチェーン　イノベーション大賞」を受賞している。これは、化粧品や日用品の流通過程で、「キャリー」という荷物を運ぶための什器を標準化し、メーカーの出荷段階から小売まで一貫してそれを使用して、手間のかかる途中の積み替え作業を排除するという取り組みである。

通常、日用品業界の物流は、メーカーのパレットからトラックに平積みされ、それが卸売業者に届くと、その平積みの荷物をパレットに載せ、さらにそれをカゴ車（側面に荷崩れ防止のための高い格子柵を付けた台車）に載せ、小売業者に運搬する。届いた荷物は、小売段階でカゴ車からキャリーに移される。つまり、流通過程で4回の荷物の積み上げ・荷下ろしが行われていたのである。

これをこの協業では、標準化したキャリーを使用することで、メーカーの出荷段階で荷物をキャリーに積み込むと、卸や小売での積み替えは一切必要なくなり、荷物の上げ下ろしの作業やそれにかかっていた時間が大幅に削減された。これは、キャリーという横幅50センチ、縦幅37センチ、高さ10センチのキャスター付きの台を標準化し、流通過程で共同利用することで実現したもので、いわゆる「ユニットロードシステム」といわれるものである。

結果として、労働は4分の1になり、1回当たりの作業時間も従前の450分から175分へと大幅に短縮された（https://www.meti.go.jp/policy/economy/distribution/shh/2020_taisyou.pdf）。

この取り組みは、物流の効率化・低コスト化に寄与するだけでなく、重労働で危険な荷役作業を極力回避する上でも意義は大きい。「物流の2024年問題」で提起された「ブラック物流」を「ホワイト物流」へと転換する上でも有効な施策であろう。まさにESG

経営である。協業3社は、SDGsの目標3「すべての人に健康と福祉を」と目標8「働きがいも経済成長も」に貢献すると、捉えている。

†JBMIAのラストワンマイル共同化

また、ラストワンマイルでの物流の共同化によって、「運べないリスク」を回避し、かつCO_2の排出を削減しようとする取り組みもみられる。これは、キヤノン、リコーなど国内の主要な複合機・プリンターメーカー等が参加する「ビジネス機械・情報システム産業協会(JBMIA)」が共同配送を実行しようとする試みである。方法論は、各社の製品を物流企業の倉庫に集約化し、「混載」の形で対象エリアの顧客に届ける仕組みである。

これまで不用品の回収やリサイクルでの共同化には長い歴史(20年以上)があった同協会だが、静脈流通ではなく、動脈流通での共同化は21年11月から初めて開始している(JBMIA「複合機など動脈物流共同化配送を一部地域からスタート!」22年3月16日)。

このような共同化が実現した理由は、ドライバー不足で、「運べないリスク」が増しているのと、折からのSDGsの流れで、CO_2排出削減が急務の課題になってきたからだ。北海道での実施の結果、CO_2の排出量とトラックの使用台数は、50%も引き下げることが可能になるという数値を出している。この取り組みは当然、SDGsの目標13「気候変動に具体的な対策を」に寄与している。

流通過程でのムダを省くという意味では、興味深い取り組みがみられる。ロジネットジャパンは通常、中間に介在している物流倉庫をスキップして、直接小売店まで配送する「DDロジ」という「直送システム」を立ち上げた。これにより、荷上げ・荷下ろし業務やトラックの使用頻度を低減し、それらにかかっていた時間およびコストを圧縮するというのである。

さらに興味深いのが、荷役過程で荷重1トンにも耐えられる「紙パレット」を使用している点だ。この資材は、容易に廃棄・リサイクルすることが可能で、返送作業がいらなくなるため、多頻度の往復輸送が不要になる。

結果として、トラックが排出するCO_2は削減でき、SDGsの目標13「気候変動に具体的な対策を」に貢献することになる。加えて、リサイクル可能な「紙パレット」の使用により、目標15「陸の豊かさも守ろう」(森林の保護と持続可能な利用)の遂行にも寄与すると思われる。

ここで一言、「直送」に関して触れておきたい。中間流通をスキップしてコストや時間削減のメリットが出るのはある一定の条件が整った場合で、一般論ではない。しばしば「ウチは、中抜き（中間流通のカット）をしているから安い」とのたまう小売業者がいまだにいるが、この種の「問屋無用論」は、100年以上前にA・W・ショー（1915年）が唱え、実態面から完全否定されている。本当に「直送」に一般的なコスト・メリットがあるならば、とっくに卸売業者も、総合商社も消えてなくなっているはずである。

そうならないのは、これら大量仕入れを行うアウトソーサーを利用した方がトータルのコストは低く抑えられるからである。メーカーと直で取引ができるのは、イオングループのような仕入れ本部（これが事実上の卸売機関）を保有し、卸売業者に負けないほどの大量の取引を実現できるところが主だ。上記のロジネットジャパンは、メーカーでも、小売業者でもなく、それらの中間に介在する物流企業であり、広範なネットワークを活用して大量の荷物の集荷分散機能を果たしている。このような事業者にして、受け入れる小売業者も広大なバックヤードを有するホームセンターやドラッグストアであるから「直送」というビジネスモデルが成立するのだ。

2　労働環境の改善と効率化という両輪

†ジェンダー平等と物流のホワイト化

ジェンダー・ギャップ指数（Global Gender Gap Index）というものがある。「世界経済フォーラム（World Economic Forum：ＷＥＦ）」が毎年発表する男女間の格差を示す有名な指標だ。女性の政治参画や経済参画などの状態を、「女性の数値／男性の数値」で算出し、1が完全平等で、0が完全不平等を表す。

２０２３年の国別の数値をみると驚愕する。日本は、総合数値が０・６４７で、なんと１４６か国中１２５位の低水準なのだ（https://www.weforum.org/reports/global-gender-gap-report-2023）。信じられないことに教育や健康に関してもそれぞれ47位、59位であり、世界トップレベルの高教育国家、長寿国家とは思えない位置にあり、経済参画は０・５６１で１２３位、政治参画に至ってはわずか０・０５７で１３８位である。日本より政治参画において男女格差が劣る国は、わずか8か国しかないのだ。この指標で見る限り、いかに日本が男女格差の大きな差別国家であるかが理解できよう。ＳＤＧｓの目標５「ジェンダー平等を実現しよう」から大きく乖離しているのが実情なのである。

だが、日本の女性就業者数は、21年に3000万人を超えており、就業率も70・6%（15歳から64歳までの女性の生産人口に占める就業者の割合）と、OECD加盟国中13位に立ち、アジアでトップ、G7国でもドイツ、イギリスに次いで3位に位置する（内閣府「女性活躍に関する基礎データ」22年7月）。つまり、若年者と高齢者を除いた日本の女性の就業意欲はかなり高く、女性の社会進出は決して低いとはいえないのだ。

ただし、物流業界における女性の就業比率は、あまりはかばかしくない。道路貨物運送業の就業者数は22年時点で、トータル約201万人、そのうち女性は約41万人で、構成比約20・4%である。とりわけ、輸送に携わるドライバーはわずか約3万人で全就業者の約1・5%、ドライバー全体の3・5%でしかない（全日本トラック協会「日本のトラック輸送産業　現状と課題2023」）。つまり、上記のジェンダー・ギャップ指数でいうと、0・035の圧倒的な男性偏重職種なのだ。

ではなぜ、女性が入職しない職場なのかといえば、伝統的に男性イメージが強く、女性が働きづらい環境にあるからだ。例えば、トラックドライバーといえば、第一章でも触れた通り、菅原文太さんの「トラック野郎・デコトラ」や重い荷物を運搬する「重労働」の印象が強く、か弱い女性がその渦中に入って運転業務を遂行することは考えにくかった。

また、物流業界は、典型的な3K業種で、大型トラックによる長距離輸送の際の長時間運転や重い荷物の上げ下ろしなどは相当にきつく、体力・筋力面で男性に及ばない女性には困難とされてきた。実際、運転の付帯に、1箱50キロある荷物のバラ積み・バラ降ろしを60個分、サービス荷役として荷主からお願いされることもあると聞くが、これは女性だけでなく、男性にとっても耐えられないような重労働だ。

さらに、もともと男性職場だったので、女性を意識した環境が整備されていない。これは男性も同様だが、例えば、4トン以上のトラックの場合、駐停車できるところが限られるので、なかなかトイレに行くことができない。配送先の物流倉庫まで我慢してそこでトイレを探すことになることが多いが、古い施設では女性専用のトイレがなかったり、あっても数が極端に少なかったりする。女性の場合、化粧直しもそこでするので、トイレの規模が小さいと使い勝手が悪い。

また、仕事上のトラブルも少なからずある。特に大型トラックを運転する場合、重量が重く、即座に止まれないので十分車間距離を取って、ゆっくり運転する。だがスローな運転は、一般のドライバーから嫌われ、幅寄せされたり、クラクションを鳴らされたりすることがある。とりわけ、ドライバーが女性だとわかると、いたずら心からか露骨な嫌がらせをしてくる場合もあるそうだ。

さらに、女性であるがゆえに、労務管理面でハンディを食らうこともある。例えば、出産や育児、子供の病気などでは絶対に休暇が必要になるが、その際、男性と同じような固定的なシフトが組めなくなり、そのことで会社側から困惑されたり、復帰が難しくなったりすることもあるそうだ。これはどの職場でも起こりうる一般的な問題だが、トラックドライバーの場合、恒常的に不足気味な不人気職種なので、正社員として一度労働サイクルに入った人には、柔軟な対応ができにくいようである。

†トラガール促進プロジェクトサイト

このようなブラックな実態を払拭し、女性にとって働きやすい職場にすべく官民あげてさまざまな取り組みがなされている。14年から国土交通省は、トラック事業の活性化と雇用促進に向けた官民連携を強化しているが、その一つとして「トラガール促進プロジェクトサイト」の立ち上げがある。トラガールとは、トラックを運転する女性ドライバーのことで、彼女たちがどのような仕事を行い、どのような点に魅力を感じているのか、そして受け入れサイドの物流企業には女性ドライバーのメリットとは何で、どのようにすれば採用できるのかなどのポイントをこのサイトで発信している。

女性ドライバー採用のために専心するトランコム株式会社やフジトランスポート株式会社などの模範例もあるが、一般論では、いまだに物流業界では女性の就業者が少ない。そこで以下では、この業界に女性の応募者・採用者を増やすためには、どのような変更がなされるべきなのかに関して考えてみたい。

急務なのは、やはりブラックな職場の改善だ。女性の応募・採用を促したいなら、業界全体のホワイト化が必要である。運送会社も、荷主企業も清潔な女子トイレや休憩施設、更衣室等の数を増やし、場合によってはシャワールームの設置も行うべきである。これらにより女性にとって働きやすい環境の基礎が整う。

重労働の排除も重要である。上記のような重い荷物を数多く手積み・手降ろしするのは、誰にとっても大変なことだ。すでに実施しているところも多いが、荷物の発着地点では可能な限り機械化し、パレット、フォークリフト、さらにはロボットでの荷物移動システムを完備すべきである。

フレックスな勤務時間も不可欠だ。女性の場合、出産や育児に時間を取られることが少なくない。産前、産後の休暇はもとより、育児が始まった際の子供の病気対応や学校行事への参加などによる欠勤や途中退社も頻繁に起こりうる。加えて、家事労働や親の介護は、相対的に女性に重い比重がかかるのが一般的であり、その精神的、肉体的疲労は男性を遥かに上回る。それゆえ、個人のライフスタイルや家庭事情に合わせたフレキシブルな勤務時間やシフトをルール化しておくことが重要である。

女性たちに仕事の魅力をアピールすることも重要だ。「物流の2024年問題」が提起されて以降、トラックドライバーのブラックな部分ばかり強調されるが、実はこの仕事にはさまざまな魅力がある。例えば、長距離トラックで見知らぬ場所に荷物を届けに行くと、そこが景勝地だったり、美味しい郷土料理があったりする。仕事をしながら、ちょっとした旅行気分を味わえるのだ。これは、女性にとっては大きな魅力であり、入職を促すアピールポイントにもなる。

✝ホワイト職場はメリット大

また、ドライバーの場合、オフィスワークとは違った、運転車内という「個室」での仕事が大半なので、仕事をしながらラジオを聴いたり、音楽を楽しんだりすることもできる。

傍にお目付け役の上司がいるわけではないので、その点、自分の好みで自由に仕事をすることができるのだ。

さらに、この仕事では希望に応じてステップアップできることも魅力の一つだ。普通免許しか持たないドライバー未経験者が、1トントラックから始めて、4トン、10トンへと目的に合わせてステップアップし、収入を増やしていくことが可能だ。業務の幅を広げて、大量の荷物を運搬するトレーラーや荷役に使うフォークリフトの免許を取る女性ドライバーもいるという。

また、ドライバーとはまったく職種が異なるが、「運行管理者資格者証」を受けて、ドライバーの安全運転を見守る「運行管理者」になる女性もいる。この業務は、オフィスワークになるが、ドライバー経験を活かした新境地の開拓ができ、昇進や収入増を期待することもできる。

女性ドライバーにとってだけでなく、物流企業にとっても、女性を採用することには多くのメリットがある。一般に、女性は細やかな気配りができ、応対も丁寧だ。この性格は荷物の受け渡しの接点で活かすことができ、物流企業のイメージアップに貢献してくれる。ドライバーに女性が増えれば、効率重視、機能重視の発想から柔軟な発想で、市場拡大のための豊富なアイデアや斬新な提案をもたらしてくれる可能性も高い。

そして何よりも強調したい点は、女性就業者が企業業績に直接貢献してくれる点だ。女性役員の比率と企業業績との関係を調べたMcKinsey&Companyの研究（"Women Matter：Time to accelerate." Ten years of insights into gender diversity, 2017）によれば、女性役員の比率が高い上位4分の1の企業の自己資本利益率（ROE：Return on Eguity）は22％であり、女性役員のまったくいない企業の15％より明らかに高かった。

つまり、女性をしっかり採用し、高位に据えた企業の業績は、男性だけの企業よりも高い成果を上げているのである。細やかで気配りのできる性格、あるいは明るいムードメーカーというだけでなく、ユニークなアイデアの提出と抑制のきいた堅実な行動力によって、企業業績を向上させる手腕を女性は有している。物流企業は、SDGsの目標5「ジェンダー平等を実現しよう」を達成するために、ESG投資やESG経営を積極的に実践することによって、人手不足の問題を解消し、着実に実利を得る方向に舵を切るべきである。

†物流業界の指針「総合物流施策大綱」

常に変化する物流環境に創造的に適応し、物流業界はどのような方向に進むべきなのか、を明示した指針に「総合物流施策大綱」（国土交通省）がある。これは、1997年からほぼ定期的に提出され、「総合物流施策大綱（2021-2025）」で、7回目を数える。この中の「今後取り組むべき施策」の筆頭に「物流DXや物流標準化の推進によるサプライチェーン全体の徹底した最適化（簡素で滑らかな物流の実現）」が記されている。

DX（Digital Transformation）は、実態面では比較的古くからある活動で、電子データ交換（Electronic Data Interchange：EDI）は、1960年代には米国で開発されていた。日本でも、70年代に限定的なデータ通信が解禁され、80年代には商用VAN（Value-Added Network）が開放されて、EDIによる受発注が実施されるようになった。

しばしば、デジタイゼーション（Digitization）、デジタライゼーション（Digitalization）、デジタルトランスフォーメーション（Digital Transformation）は、その応用の程度と新たに生み出された成果が異なり、後に行くほど進化系なのだと説明される。確かにイノベーションや技術改良によって現代に向かうに従ってデジタル技術の応用範囲が広がり、効率性や利便性は高まっていると思われる。

とはいえ、80年代前半からパソコン通信を行い、VANの原稿も書いてきた筆者からすると、その当時からすでにデジタルトランスフォーメーションは始まっていたというのが実感だ。中小小売店が横の連携を取ってＶＡＮを組み、大企業に負けない大量発注を行って規模の経済性を実現する光景を目の当たりにしたり、筆者自身が電話回線で名古屋大学の大型計算機センターと自宅のパソコンとを繋いで直接統計処理ができたりした時の感動は今も忘れられない。わざわざ大学に出向かなくとも、自宅に居ながらにして大型計算機が自由に使えたのだ。これらはわれわれのワークスタイルを根底から覆すものであり、まさにデジタルトランスフォーメーションだった。

「Digital Transformation」という用語の考案者は、スウェーデン人のエリック・ストルターマン・ベルグクヴィストといわれるが、彼がこの言葉を使い始めた２００４年より遥か以前からデジタルトランスフォーメーションは実務ではなされていたのだ。「物流の２０２４年問題」で提起される長時間の荷役待ちとトラックの大行列へのＤＸ的対処も２００２年にすでに行われている。この当時、米国ロサンゼルスのロングビーチ港では、荷役待ちをする多数のトラックによって交通渋滞や排気ガスが問題になっていた。それを解消するために開発されたのが、「トラック予約システム（ＴＡＳ）」だった。

†ビジネスモデルを革新させる取り組み「物流DX」

さて、話題を「総合物流施策大綱（2021－2025）」に戻すと、この中では、物流現場における書面手続や対人・対面によるプロセスが多く、非効率であることが嘆かれている。物流関連ではないが、22年4月に起きた山口県阿武町による4630万円ものコロナ給付金の誤送金問題をみると、日本社会のデジタル化の遅れには嘆かわしいものがある。問題の核心は、送金依頼データがフロッピーディスク（FD）に入っていて、それを町役場から銀行へ手渡しされていたことだ。さらに驚嘆したのは、それが一地方役場のレアケースではなく、中央官庁や銀行でも同様のことが行われていた点だ。

物流関係でも、ある有名なコンビニエンスストアではいまだに、倉庫への注文が手書きFAXで送られてくるという。Web3および第5世代移動通信システム（5G）の時代に、いまさら伝えるべき注意事項とも思えないが、書き間違いや読み間違いを避けるためにも、せめて直接の取引相手とはEDIでの情報連携をとって欲しいものである。

大綱で指摘されるようなムダのない「簡素で滑らかな物流」を目指すならば、これまで本書で幾度も触れているように「共同化」とそれを行うための基礎となる「標準化」が不可欠である。大綱でも、物流システムを規格化することにより収益力・競争力の向上を図り、物流産業のビジネスモデルそのものを革新させていく取り組みを「物流ＤＸ」と捉えている。つまり、物流ＤＸは、サプライチェーンを構成する企業のハード面、ソフト面の標準化がなされ、参加する組織や行動が密接不可分な要素となって、全体として新たな生態系（これがビジネスモデル）を構成することによって実現するのである。

物流ＤＸのハード面の機械化・ロボット化に関しては、第三章で詳しく述べているので、ここではソフト面に絞って論ずることにしたい。

まず物流ＤＸの基礎としては、「アナログ」の排除である。現状でも、紙、電話、ＦＡＸが不可欠の情報伝達手段として機能している。これらの媒体は人手を介するもので、書き間違い、言い間違い、聞き間違い、読み間違い等によって重大な問題を引き起こす可能性があると同時に、情報処理面で非常に効率が悪い。とりわけ、協業のような組織間の連携が図られる場合、共通言語ともいえるデジタルフォーマットの統一は不可欠である。

ロジスティード株式会社（旧、日立物流）は、輸送業務支援ソリューション「SSCV-Smart」を開発することにより、運送会社と荷主をつないで、従来までの電話やＦＡＸに頼ってきた見積・受注業務をネット上のシステムで遂行できるようにしている。それ以外にも、運行指示書の発行、配車手配を行うマッチングサービスの求貨求車や車両別のスケジュール管理なども可能にしている。これらにより同システムの導入企業は、デジタル化によるミスの最小化や作業時間の短縮化、そしてペーパーレス化によるＦＡＸ送信のような煩瑣な業務の省力化・低コスト化などを実現している。

「可視化（見える化）」も物流ＤＸの重要な要素になっている。モノの流れや物流機器の流れをリアルタイムで共有できれば、例えばトラックの積載効率を高めたり、リードタイムを短縮化したりすることが可能になる。サプライチェーンを構成する組織が、ＲＦＩＤ（Radio Frequency Identification）やセンサーを利用して収集したデータをビジュアル化し、共有すれば、分かり易く澱みない物流が形成できるのである。大綱では、コストの「見える化」ができれば、荷主からの不当な要求も斥けることができ、非効率な物流を改善できるとしている。Ｈａｃｏｂｕが開発した動態管理アプリケーション「ＭＯＶＯ」を利用すると、ＧＰＳを使用して5秒間隔でトラック等の位置の把握ができ、着荷や停留の可視化はもとよりCO_2の排出量の可視化まで可能という。これらのデータを取引先と共有することで、安心感・信頼感を醸成すると同時に、業務時間の短縮化を実現することができる。「MOVO Vista」を導入した京セラ株式会社は、トラックの輸送手配にかかる業務工数を約60％削減できたという（https://hacobu.jp/case-study/6406/）。

†ライバル企業の垣根を越える

最後に物流ＤＸの画期となるような事例を取り上げよう。

「物流の２０２４年問題」を早いうちから意識していた食品業界は、それを回避するため、味の素株式会社、カゴメ株式会社、日清オイリオグループ株式会社、株式会社日清製粉ウェルナ、ハウス食品グループ本社株式会社、株式会社Ｍｉｚｋａｎの食品メーカー６社で「Ｆ－ＬＩＮＥ」という食品物流プラットフォームを15年に構築し、19年からＭｉｚｋａｎを除く5社の出資により「Ｆ－ＬＩＮＥ株式会社」を立ち上げていた。これは実態面では、味の素物流株式会社、カゴメ物流サービス株式会社、ハウス物流サービス株式会社（事業の一部）の物流事業を統合した組織で、共同配送による物流効率化、中継地点構築によるドライバーの重労働の緩和、鉄道や船舶を活用したモーダルシフト、高度なマテハン機器の導入による作業の標準化・効率化、伝票の電子化・外装サイズの標準化など、およそ現代的物流課題を網羅的に解決する取り組みがなされている。

「競争は商品で物流は共同で」をモットーに北海道地区で16年4月から共同配送が行われ

た。今後は2か所ある保管・配送拠点を1か所に集約化し、積載効率を高めながら配送回数の削減を目指すという。このような取り組みによって、物流の効率化・安定化が図られ、トラックドライバー不足に対処し、CO_2の排出削減にも貢献するのである。試算ではこの取り組みによって、CO_2の排出量は16％減らせるという（https://www.f-line.tokyo.jp/press/2023/07/27/）。

素人の発想では、F－LINEのケースのように個々の企業が類似の機能を個別に保有するのではなく、共同化・一体化できるところはどんどんそれを進めて効率性や規模の経済性を追求すべきと考える。しかしながら、その途上には困難があり、そうやすやすとシームレスな一体組織は作れないのが実情だ。

ライバル企業間の垣根を越える「共同化」には上記の通り、「標準化」が不可欠になる。そしてそれが実働に入るには、「データの共有化」が必須になる。だが、企業にとって自社内のデータは、「宝物」であり、「重要機密事項」であることが少なくない。それをライバル企業に完全開示しなければならないとなると、多くの企業が強い拒否反応を示す。それゆえ、ずっと以前から「共同化」の必要性が幾度も唱えられながらも、実践面では数少ないケースしかみられなかったのである。

しかしながら、Ｆ－ＬＩＮＥは、この壁を突破した稀有なケースである。物流ＤＸを本格化させ、「簡素で滑らかな物流」がより広範に展開されるためにも、まずはデジタル化、そして標準化、共同化が追求されるべきであろうし、このような取り組みは確実に、ＳＤＧｓの目標９「産業と技術革新の基盤をつくろう」に貢献することになるだろう。

あとがき

長年にわたり物流を含めた流通の研究を行ってきたが、今日ほど、物流に脚光が当たっている時代はないように思う。それは、荷物が届かなくなると脅された「物流の2024年問題」が一つの画期となったからではあるが、それは単なる引き金でしかなかった。

ある程度の予測はできたが備えの足りなかった気候変動による災害（大地震、大型台風、豪雨、猛暑、噴火等）や、まったく予想もしなかった新型コロナ・パンデミック、ロシア・ウクライナ戦争などの災厄の勃発で、サプライチェーンが分断され、物流の途絶や停滞を招来し、多くの人々が物品の入手困難や物価上昇を直に体感した。これにより、物流活動の生活への密着度や重要性がこれまで以上に高まったと思われる。

生産と消費が分離している以上、その間をつなぐ流通は必要であり、とりわけ広範な物の移転に物流は不可欠である。ところが、地味な単純労働と思われてきたこの活動はこれまで、ほとんどその実態を意識されない舞台裏の存在だった。そんな日の当たりにくいビジネスが、皮肉なことに「ブラック職種」として脚光を浴びることになってしまった。

無論、これは悪いことではない。国の主導する「働き方改革」の一環として、ブラックな職場がホワイト化されることは、離職者が後を絶たないこの業界に新規参入者を呼び込む上で貢献する可能性が高まるからだ。

ただし、この論理は、少なくとも短期的には、絵に描いた餅でしかない。この改革によって残業で稼いでいたトラックドライバーの離職率は高まり、物流企業は減車せざるをえなくなって業績が悪化し、倒産の憂き目にあうところも少なからず出てくるからだ。そして、これらの結果として、日本の荷物配送は滞り、消費者はこれまでのような迅速な荷物の到着も、「送料無料」といった低運賃も望めなくなるのだ。

本書は、このような困難な物流問題を取り上げ、それらをどのように解決すればよいのか、という処方箋を提示したつもりである。物流に関する読者の方々の理解を深め、課題解決の糸口をつかみ、未来に備える手助けとなれば、幸甚と考えている。

最後に、筑摩書房編集局の松本良次氏にお礼の言葉を伝えたい。実は、本書の企画は、2020年2月に非常に丁寧な手書きのお手紙でいただいていた。新型コロナ禍でオンライン授業を行っていた筆者は、この貴重なお手紙を看過し、慌てて返信したのが2023年6月だった。3年以上も経過し、もう企画はなくなっているだろうとは思いつつも、是非とも取り組みたいかけがえのないテーマだったので、執筆うかがいのメールを出させていただいたところ、快くご承諾をいただけた。

松本氏のご高配ときめ細かな編集がなければ、本書は日の目を見ることはなかった。ここに、同氏に向けた深甚なる謝意を表する次第である。

野口智雄

2023年10月

参考文献
（本書の内容をより深く理解されたい読者は、次の文献に目を通されることをお勧めする）

小野塚征志『ロジスティクス4・0――物流の創造的革新』日本経済新聞出版、2019年
カーゴニュース編『主要荷主の運賃・倉庫料金の実態――主要荷主企業におけるトラック運賃・倉庫料金の令和4年度契約料金の実例』カーゴニュース、2023年
唐澤豊『現代ロジスティクス概論』NTT出版、2000年
唐澤豊編著『SCMハンドブック』共立出版、2018年
苦瀬博仁『江戸から令和まで　新・ロジスティクスの歴史物語』白桃書房、2022年
産業タイムズ社『ハンドブック　物流施設開発最前線――EC時代　国内投資をけん引する物流施設開発を追う』産業タイムズ社、2021年
鈴木暁編著『国際物流の理論と実務［6訂版］』成山堂書店、2017年
武城正長、國領英雄『現代物流――理論と実際』晃洋書房、2005年
田中康仁『物流のしくみ』同文舘出版、2023年
玉木俊明『物流は世界史をどう変えたのか』PHP研究所、2018年
日経流通新聞編『流通現代史――日本型経済風土と企業家精神』日本経済新聞社、1993年
日本ロジスティクスシステム協会JILS総合研究所編『2022年度物流コスト調査報告書』日本ロジスティクスシステム協会、2023年
野口智雄『入門・現代流通論』日本評論社、2019年

野尻亘『新版　日本の物流――流通近代化と空間構造』古今書院、2005年
マーケティング史研究会編『日本流通産業史――日本的マーケティングの展開』同文舘出版、2001年
マルク・レヴィンソン著、田辺希久子訳『物流の世界史』ダイヤモンド社、2022年
森隆行『物流とSDGs』同文舘出版、2023年
輸送経済新聞社『日本の物流事業2023――3Aに向けた改善の好機に』輸送経済新聞社、2023年

ちくま新書
1781

日本《にっぽん》の物流問題《ぶつりゅうもんだい》
——流通《りゅうつう》の危機《きき》と進化《しんか》を読《よ》みとく

二〇二四年三月一〇日　第一刷発行

著　者　野口智雄（のぐち・ともお）
発行者　喜入冬子
発行所　株式会社 筑摩書房
東京都台東区蔵前二-五-三　郵便番号一一一-八七五五
電話番号〇三-五六八七-二六〇一（代表）
装幀者　間村俊一
印刷・製本　三松堂印刷 株式会社

ISBN978-4-480-07606-9 C0265

ちくま新書

1138
ルポ 過労社会
——八時間労働は岩盤規制か
中澤誠
長時間労働が横行しているのに、さらなる規制緩和は必要なのか？ 雇用社会の死角をリポートし、「働きすぎの日本人」の実態を問う。佐々木俊尚氏、今野晴貴氏推薦。

1368
生産性とは何か
——日本経済の活力を問いなおす
宮川努
停滞にあえぐ日本経済の再生には、生産性向上が必要だ。誤解されがちな「生産性」概念を経済学の観点から捉えなおし、その向上策を詳細なデータと共に論じる。

1494
現場力
——強い日本企業の秘密
光山博敏
中沢孝夫
新しい技術の開発は、ずっと現場で行われてきた。豊富な事例をもとに、日本のものづくりの比較優位を支えてきた競争力とはどういうものか、その本質を捉え直す。

1496
ルポ 技能実習生
澤田晃宏
どのように日本へやってきたか。なぜ失踪者が出るのか。働く彼らの夢や目標と帰国後の生活とは。国際的な人材獲得合戦を取材して、見えてきた労働市場の真実。

1502
「超」働き方改革
——四次元の「分ける」戦略
太田肇
長時間労働、男女格差、パワハラ、組織の不祥事まで、日本企業の根深い問題を「分け」て解決！ テレワークがうまくいく考え方の基本がここに。

1599
SDGsがひらくビジネス新時代
竹下隆一郎
気候危機、働き方、声を上げる消費者……。すべてがビジネスにつながっていくSDGsの時代を迎え、「これからの見取り図」を示したビジネスパーソン必読の書！

1669
台湾流通革命
——流通の父・徐重仁に学ぶビジネスのヒント
佐宮圭
ローカライズによる商品開発、ITでの近代化など、物流を戦略的に進め、ついに台湾セブン・イレブンを店舗数世界三位に成長させた、台湾流通の父・徐重仁とは？